110 Roland Pofalla
92 Kuschelpädagogik
144 Die Erderwärmung und die Alten
152 Samifair

Zum Buch

Es gibt erstaunlicherweise nur eine Form der Gesundheit, aber über 122 Millionen verschiedene Krankheiten. Krankheiten geben dem Leben oft erst einen Sinn. Sie sind wichtig für die Persönlichkeitsbildung, denn wir unterscheiden uns meist nur durch unsere Krankheiten voneinander. In Deutschland etwa gibt es mehr Krankheiten als Einwohner. Ein Leben reicht nicht aus, um die alle mal bekommen zu können. Hans Zippert hat deshalb die 55 beliebtesten Krankheiten am eigenen Leib ausprobiert. Lesen Sie seine spannenden Erfahrungsprotokolle und erfahren Sie, welche Krankheit sich wirklich für Sie lohnt und von welcher Sie besser die Finger lassen. Dieses Buch vereint exklusiv einige der besten Texte Hans Zipperts zu einem Nachschlagewerk für alle Deutschen, die endlich wissen wollen, welche Krankheit am besten zu ihnen passt. Gute Besserung!

Zum Autor

Hans Zippert ist einer der bekanntesten Kolumnisten, Reisejournalisten und Satiriker Deutschlands. Von 1990 bis 1995 war er Chefredakteur der Satirezeitschrift *Titanic*. Seit 1999 schreibt er in der *Welt* die Kolumne »Zippert zappt«, in der er aktuelle Ereignisse satirisch betrachtet. Für »Zippert zappt« wurde er 2007 mit dem Henri-Nannen-Preis ausgezeichnet. Er lebt als freischaffender Autor in Oberursel bei Frankfurt am Main.

HANS ZIPPERT

55 DIE BELIEBTESTEN KRANKHEITEN DER DEUTSCHEN

IM SELBST VERSUCH GETESTET

WILHELM HEYNE VERLAG
MÜNCHEN

Die Originalausgabe erschien 2008
in der Edition TIAMAT, Berlin

Einige der abgedruckten Texte erschienen in der
Online-Ausgabe von *Cicero*, einige in *Geo-Saison*,
und einige sind bislang unveröffentlicht.

Verlagsgruppe Random House FSC-DEU-0100
Das für dieses Buch verwendete
FSC®-zertifizierte Papier *Holmen Book Cream*
liefert Holmen Paper, Hallstavik, Schweden.

INHALT

ANAMNESE

Grundsätzlich kann jeder Zustand, in dem man sich gerade befindet, als Krankheit gedeutet werden. Nicht immer ist gleich ein Name dafür zur Hand, und oft passiert es, dass übereifrige Wissenschaftler zuerst ein Medikament entwickeln und die dazu passende Krankheit ist noch gar nicht entdeckt. Dieses Buch gibt einen Überblick über die 55 gängigsten Krankheiten, die in Deutschland auftreten können. Es zeigt keinerlei Heilungsmöglichkeiten auf, weder allopathische noch homöopathische. Es handelt sich nur um die Selbsterfahrungsberichte eines Mannes, der schon viel Leid gesehen und erlebt hat. Ich muss es wissen, denn **der** Mann bin ich.

Dass dieses Buch überhaupt existiert, ist auch das Ergebnis einer Krankheit. Ich kann nämlich nichts wegwerfen. Vor allem keine Texte, die ich irgendwann mal geschrieben habe. Das ist nichts Ungewöhnliches, denn jeder Satz, der in Büchern steht, wurde schon mal geschrieben, sonst könnte man ihn ja gar nicht lesen, es sei denn, jemand erfindet ein Buch, das erst im Moment der Lektüre entsteht. Das vorliegende Werk enthält jedenfalls zum größten Teil Texte, die zuerst im Internet, auf den Blogseiten der Zeitschrift *Cicero*, zu lesen waren. Weil ich aber erst einmal im Leben jemanden getroffen habe, der diese Blogeinträge überhaupt gelesen hatte, bekam ich Angst, dass ich die

Texte möglicherweise nur für diese eine Person geschrieben haben könnte und sie irgendwann komplett in den Tiefen des Netzes verschwinden würden und beschloss, sie in einem Buch zu versammeln. Ich hatte schlicht **Panik**, sie könnten verloren gehen, der Fachausdruck dafür lautet: Verlustangst.

Als ich mit meiner Textsammlung bei der letzten Buchmesse vor die Verleger trat, erklärten sie mir übereinstimmend, dass niemand ein Buch kaufen würde, in dem nur Kolumnen gesammelt sind, vor allem, wenn es sich um Kolumnen handelt, deren Leserzahl sich nicht messen lässt. Weil sie vielleicht gar nicht messbar ist. Aber auch sonst interessiert sich außerhalb von Zeitungen niemand für Kolumnen.

Das muss so sein, weil es jeder sagt. Vor einigen Jahren, als ich noch kein eigenes Buch veröffentlicht hatte, aber eine tägliche Kolumne in einer großen überregionalen Tageszeitung schrieb, dachte ich, dass es ja schade wäre, wenn die alle nur im Altpapier landeten und konzipierte eine Art Best-of-Sammlung. Ich kannte damals allerdings keinen Verleger, und deshalb ließ ich mir von Freunden den Spitzenagenten Herrn Jessen empfehlen. »Ruf Jessen an!« war geradezu eine Zauberformel der damaligen Zeit. Dieser Jessen hatte einem Kollegen mit einem ziemlich schwer verdaulichen Werk einen ungeheuren Vorschuss und einem anderen mit einem komplett unausgegorenen Roman eine ebenso gigantische Vorauszahlung besorgt. Jessen würde also auch für meine Kolumnensammlung problemlos mindestens 30.000 Euro raushandeln. Ich hatte nichts weiter zu tun, als ihn einfach anzurufen und anschließend gleich meinen Anlageberater. Also rief ich Jessen an, nannte meinen Namen und erklärte ihm, was ich vorhätte. Er fragte nur kurz: »Kolumnen? Können Sie vergessen. Verkauft sich nicht.« Und damit war das Gespräch und meine literarische Karriere beendet.

Es dauerte einige Jahre, bis ich mich von diesem Jessen-Schock erholte, aber ich hatte meine Lektion gelernt, und die lautete: Niemals darf der Leser sofort merken, dass er es nur mit veralteten Kolumnen zu tun hat. Deshalb nannte ich das Buch, in dem die Kolumnen aus der Tageszeitung versammelt waren, nicht »Das Beste aus Zippert zappt«, sondern »Das Weltwissen der 48-Jährigen«. Ein Supertrick, dem Tausende von Lesern auf den Leim gingen, Jessen sei Dank.

Das gleiche Verfahren kommt nun ebenfalls in diesem Werk zur Anwendung. Es handelt sich zwar auch nur um eine Sammlung von Kolumnentexten, aber man erkennt es nicht sofort. Ich selber merke es ja kaum. Das liegt an dem brillanten Titel: »Die 55 beliebtesten Krankheiten der Deutschen«. Kaum war mir dieser Titel eingefallen, zeigte ich ihn auf der Buchmesse meinen Verlegern. Die Texte waren immer noch dieselben, aber plötzlich rissen sich zwei Verlage gleichzeitig um das Buch. Ich genoss den Vorgang, tauchte mehrmals am Tag am Hanser-Stand auf, wedelte mit meinen Manuskripten und marschierte wieder zur Edition Tiamat. Ich fand es einerseits berauschend, dass zwei Verlage mein Buch herausbringen wollten, fühlte mich andererseits deprimiert, weil sie ja nur an dem Titel interessiert waren, der aber immerhin auch von mir stammte. Man muss sich jedoch klarmachen, dass die meisten Bücher auf diese Weise entstehen. Jemand hat einen dicken Packen von verschieden langen Sätzen beisammen, die werden zwischen zwei Buchdeckel gepresst, damit sie nicht mehr wegkönnen, und vorne klebt man dann einen Titel drauf, der möglichst interessant klingt. Also: »Die Angst des Tormanns beim Elfmeter« oder »Kritik der reinen Vernunft« oder »Fräulein Smillas Gespür für Schnee«. Eigentlich würde das schon reichen, man müsste gar kein Buch mehr dazu schreiben, das verdirbt meistens nur den schönen Titel.

Es gibt übrigens keine Möglichkeit, dieses Buch zu reklamieren oder Schadensersatzansprüche zu stellen, weil Sie dachten, es handele sich um 1A-Non-Kolumnen-Ware, und nun merken Sie, dass das gar nicht stimmt. An keiner Stelle wurde Ihnen nämlich garantiert, dass es sich um ein kolumnenfreies Werk handelt. Tun Sie einfach so, als ob nichts wäre, und lesen Sie weiter. Aber lassen Sie sich Zeit. Nehmen Sie sich höchstens vier bis fünf Krankheiten auf einmal vor, erholen Sie sich anschließend ein wenig und setzen Sie die Lektüre am darauffolgenden Tag fort.

VERWAHRLOSUNG

Während ich mir zu Hause unter Hightech-Einsatz mit allerlei Spezialbürsten für Brückenreinigung und Zahnfleischtaschenentleerung den Mundraum reinige, kommt unterwegs ein höchst zweifelhaftes Objekt namens Reisezahnbürste zum Einsatz. Das ist jedenfalls die Bezeichnung unter der die Bürste in meiner Familie firmiert. Es scheint mir eher unwahrscheinlich, dass die Reisezahnbürste in diesem Jahrtausend gekauft wurde, wenn ja, dann ganz zu Anfang, als man noch mit D-Mark bezahlen konnte. Wahrscheinlicher aber ist, dass die Bürste mindestens die DDR erlebt hat. Besagte Bürste ruht in einem von meinem Sohn im Waldorf-Kindergarten getöpferten Gefäß in einer schlecht beleuchteten Ecke des Bades und wartet auf ihren Einsatz. Irgendwann wird sie vollkommen überstürzt, weil das Taxi schon wartet, in ein geschmacklos gemustertes Reisenecessaire geworfen, das ich immer mit hochrotem Kopf bei der Gepäckdurchleuchtung ausleere, und dann hat die Bürste ihren großen Auftritt in einem luxuriösen Hotelbadezimmer in Arosa oder Teneriffa. Und irgendwie sehe ich sie dann zum ersten Mal wirklich und ich begreife: Allein die Anwesenheit meiner Zahnbürste senkt den Wert der betreffenden Immobilie um 25 Prozent.

Seit Jahren starre ich in den Hotels dieser Welt erschüttert auf diese erbarmungswürdige struppige Erscheinung und schwöre mir, sobald ich zu Hause bin, eine neue mit allen Schikanen zu erwerben. Die Bürste verstößt längst gegen die Genfer Konvention für biologische Waffen. Die Borsten sind eingebettet in eine zentimeterdicke Schicht aus uralten Zahnpasta-Ablagerungen. Archäologen dürften erstaunliche Entdeckungen machen. Würde man DNA-Proben entnehmen, könnte man mir mit Sicherheit sämtliche unaufgeklärten Verbrechen der letzten zwanzig Jahre anhängen. Die Borsten selber streben in alle nur denkbaren Richtungen auseinander und scheinen ständig auf der Flucht vor meinen Zähnen zu sein. Jedes Mal sage ich mir, dass es das letzte Mal sein wird, dass ich mit dieser Bakterienschleuder hantiere, und jedes Mal ist sie wieder dabei. Widerstand hat keinen Sinn, wir gehören einfach zusammen. Und mit meiner Zahnbürste habe ich inzwischen mehr erlebt, als mit jedem anderen Menschen. Darauf sollte ich eigentlich stolz sein. Reinhold Messner hat vielleicht alle Achttausender in einem Jahr bestiegen, aber ich habe mir mit der gleichen Bürste zwanzig Jahre lang auf vier Kontinenten die Zähne geputzt. Ohne Sauerstoffgerät. Und überlebt!

KREBS

Vor einigen Wochen hatte ich Krebs. Keine großartige Geschichte, das kommt bei mir öfter vor. Tropft die Nase, schmerzt das Knie oder der Ellenbogen, immer denke ich zuerst an Krebs. Gehe ich zum Zahnarzt, bin ich innerlich schon darauf gefasst, dass er einen kindskopfgroßen Tumor in der Mundhöhle entdecken wird. Ich überlege mir, ob ich nach einer Kieferamputation noch in der Öffentlichkeit auftreten könnte. Oder ob ich es vielleicht sogar sollte. »Der erste Roman eines kieferlosen Schriftstellers«, würde mein Verlag stolz auf den Buchumschlag drucken lassen. Natürlich nur, wenn ich einen Roman schriebe, aber was soll man auch sonst tun ohne Kiefer. Der Zahnarzt schaute lange und konzentriert in meiner Mundhöhle umher, aber er konnte den Tumor nicht finden. Er stellte jedoch fest, ich hätte »das Zahnfleisch eines starken Rauchers«. Das war keineswegs als Lob gemeint. Da ich nie geraucht habe, vermutete er die Ursache für meine Parodontose im Magen-Darm-Bereich und empfahl mir den Besuch einer Reihe von Kollegen anderer Fachgebiete. Unter anderem sollte ich unbedingt in eine Schlauchschluckerei gehen, um eine Magenspiegelung zu machen. Da in meinem beruflichen Umfeld in letzter Zeit auffällig viele Personen an Krebs gestorben sind, war mir klar, was man bei mir finden würde. Ich dachte daran, dass ich ohne Haare sicher noch viel unvorteilhafter wirken dürfte, was meine Kinder wohl mit meiner Plattensammlung machen und wie wohl der Neue aussehen könnte, den meine Frau nach meiner Einäscherung kennenlernen würde.

Eine Schlauchschluckerei wird von einem sogenannten Internisten geleitet, der über gewisse Überredungskünste verfügen sollte. Meiner erklärte mir, es gebe zwei Methoden des Schlauchschluckens. Bei der einen würde er mir eine Beruhigungsspritze verpassen, ich würde augenblicklich in einen ganz angenehmen Dämmerzustand verfallen und den Schlauch ohne jeden Widerstand schlucken. Viele Patienten sagen, so erzählte er geradezu begeistert, sie hätten schon lange nicht mehr so gut geschlafen. Allerdings sei ich dann für etwa vier Stunden außer Gefecht gesetzt und müsse mit dem Taxi nach Hause fahren. Ich hatte aber noch zu arbeiten und war außerdem mit dem Fahrrad zur Schlauchschluckerei gefahren. Deshalb musste ich die zweite Methode in Erwägung ziehen, die er eher ruppig erklärte. Er würde meinen Rachenraum mit einem Spray betäuben, dann den Schlauch immer weiter in meinen Rachenraum einführen, bis der Schluckreflex einsetzte und ich das Ding praktisch ganz automatisch bis in den Zwölffingerdarm versenken würde. Die Prozedur sei natürlich von allerlei unschönen Würgereizen begleitet. Der Internist hatte selber noch nie einen Schlauch verschluckt, aber wenn er es müsste, so sagte er, würde er es wohl ohne Beruhigungsspritze tun. Das gab den endgültigen Ausschlag. Auf keinen Fall wollte ich mich vor diesem Mann als sediertes Weichei bloßstellen und sagte mannhaft: »Keine Spritze.«

Daraufhin führte er mich aus seinem gemütlich und geschmackvoll eingerichteten Sprechzimmer in einen anderen Raum. Zwei Assistentinnen warteten bereits auf mich, ich sah deutlich, wie sie den Mund verzogen, als sie hörten, ich wolle es »ohne« tun. Plötzlich hatten alle grüne Kittel sowie einen Mundschutz an, und ich lag in unstabiler Seitenlage auf einem OP-Tisch. Dann sah ich zum ersten Mal den Schlauch. Er war schwarz wie eine Lakritzstange und hatte beinahe den Durchmesser eines handelsüblichen Gartenschlauchs. Es war ein kluger Schachzug des Internisten, mich erst jetzt mit dem Ding zu konfrontieren, denn ich konnte nicht mehr weg. Eine Assistentin steckte mir ein Mundstück aus Plastik zwischen die Zähne, damit ich den Schlauch, der bestimmt teuer war, nicht zerbeißen konnte, und dann drückten mich beide mit aller Kraft auf die Liege. Weitere Einzelheiten will ich aussparen, ich kann nur sagen, dass zwei Assistentinnen ziemlich knapp bemessen sind, um einen konvulsivisch zuckenden und eruptiv würgenden Hypochonder ruhigzustellen, aber es gelang ihnen irgendwie. Der Internist entnahm zwei Proben aus meinem Inneren, schaute sich gründlich im Zwölffingerdarm um, und nach weniger als fünf Minuten war alles vorbei. Ich wurde für meinen Mut gelobt, die beiden Assistentinnen mussten ihre schweißnasse Kleidung wechseln. Der Internist teilte mir mit, es sei alles in Ordnung und gab den Schlauch in die Reinigung. Ich hatte den Krebs besiegt.

Warum ich das Zahnfleisch eines starken Rauchers habe, ist damit immer noch nicht geklärt. Vielleicht habe ich in meiner Jugend zu viele Folgen der Serie »Rauchende Colts« gesehen.

VERDRÄNGUNG

Fast täglich findet man in Deutschland Mitgliedsaus-
weise, die dann ihren ehemaligen Besitzern viel Ärger
bereiten. Irgendwann stellt sich immer heraus, dass
irgendwie jeder in der NSDAP war, u. a. Dieter Hildebrandt, Martin Walser, Udo Jürgens und Klaus-Jürgen
Wussow. Meist wurden sie ohne ihr Wissen in die
Partei aufgenommen. Dieter Hildebrandt sagte, möglicherweise hätte seine Mutter den Antrag für ihn
unterschrieben, und ich glaube ihm das. Sicherheits-
halber möchte ich schon jetzt meine Mitgliedschaften
offenlegen, bevor ich später in Erklärungsnot komme.

Ich persönlich habe nie die Mitgliedschaft in der
NSDAP beantragt, so viel ist sicher. Sollte dennoch
ein entsprechendes Dokument gefunden werden, dann
war es meine Mutter oder die von Dieter Hildebrandt.
Ich bin nie Mitglied einer Partei gewesen, das kann
man mir nicht vorwerfen. Ich war allerdings zwei Jahre
lang bei Verdi, weil ich hoffte, dass die mehr Lohn für
mich erkämpfen würden. Sobald mir klar war, dass
Verdi nichts für mich erreichen konnte, war der Klas-
senkampf für mich erledigt.

Sechs Jahre gehörte ich der »Prisoner Appreciation
Society« an, der zweitgrößten Fernsehserienfangemein-
schaft – nach Star-Trek natürlich. Diese Gesellschaft
hat sich der Verehrung der 17-teiligen Serie »The Prisoner« verschrieben, die bei uns »No. 6« hieß. Patrick

McGoohan spielte die Hauptrolle, und sollte irgendwann mal rauskommen, dass er ein verkappter Nazi gewesen ist, wäre ich natürlich dran.

Gespendet habe ich meist direkt in Hüte und Pappteller oder an Medico International. Einmal aber gab ich dem Ägyptischen Museum in Kairo hundert Dollar und übernahm dafür eine Tiermumienpatenschaft. Für das Geld bekam ich die Patenschaft für eine viertel Ibismumie übertragen und vor allem eine schöne Urkunde. Das könnte mir beim Jüngsten Gericht Probleme bringen, weil wir wahrscheinlich nicht auf der Welt sind, um unser Geld für den Erhalt von Tiermumien zu verschwenden. Mich hat damals aber vor allem das vollkommen Sinnlose der Spende begeistert.

Ich gehörte keinem Sportverein an, war niemals bei Greenpeace oder Amnesty International, aber auch nicht bei der Stasi, es sei denn, meine Mutter hätte dort für mich irgendwas unterschrieben. Mitglied der evangelischen Kirche blieb ich immerhin, bis ich als Wehrdienstverweigerer anerkannt war.

Mit sieben Jahren abonnierte ich die Zeitschrift *Max und Molly,* die von Rolf Kauka herausgegeben wurde. Als der das Blatt einstellte, abonnierte ich *Fix und Foxi,* und zwar vor allem wegen der »IWM-Kartei«. IWM stand für »Ich weiß mehr«, und ich befürchte, daraus kann man mir wohl doch noch einen Strick drehen. Denn eigentlich handelte es sich da um eine Art Stasi-Aufbauorganisation.

Die meisten jugendlichen Straftäter sind vorher Kinder gewesen. Wissenschaftler sehen da durchaus Zusammenhänge.

Obwohl eigentlich nur allgemein zugängliches Wissen aus Naturwissenschaft, Technik und Kultur vermittelt wurde, ging es wahrscheinlich darum, Agenten, Spione, Denunzianten und Informanten heranzuzüchten. »IWM« klingt ja nicht umsonst beinahe wie »IM«.

Unterschrieben hat den *Fix-und-Foxi*-Aufnahmeantrag übrigens meine Mutter.

EREKTILE DYSFUNKTION

Man liest und hört es fast täglich. Frauen wünschen sich einen Partner, der zuhören kann, gepflegte Hände hat, und er muss auch gut im Bett sein. Wenn ich so etwas lese, werde ich immer ganz traurig, denn ich bin nicht besonders gut im Bett. Das war ich eigentlich noch nie. Man hat mir schon geraten, zum Psychiater zu gehen, aber ich denke, das ist eher ein genetisches Problem: Auch meine Mutter ist nicht besonders gut im Bett.

Ich weiß nicht, woran es liegt, aber mich macht schon der Gedanke ans Bett nervös. Es gibt so viele mögliche Stellungen. Ich begreife nie, wie ich mich legen soll. Liege ich auf dem linken Arm, schläft mein linker Arm ein, liege ich auf dem rechten Arm, schläft der rechte Arm ein, liege ich auf dem Bauch oder Rücken, schlafe ich nicht ein. Und wohin mit dem Kopf? Ich weiß es bis heute nicht. Im häuslichen Bett liegen beispielsweise dutzende potenzielle Kopfablagestätten bereit: eine Nackenrolle, ein Dinkelspreukissen, ein Kappokkissen, ein altes Daunenkissen, das wahrscheinlich komplett mit Milben gefüllt ist, die mich seit Jahren kennen, und ein sehr großes Schaumstoffkissen, das bei uns lange Zeit nur »das Sitzkissen« hieß. Inzwischen gibt es noch ein weiteres, etwas kleineres großes Kissen, das ebenfalls eine Schaumstofffüllung hat, aber einen geschmackvolleren Bezug. Das gilt jetzt als das »richtige« und wird nur noch »das Sitzkissen« genannt, während das andere, das sogenannte »alte Sitzkissen«, nicht gerne im Bett geduldet wird.

Neben den Kissen gibt es noch diverse Oberbetten, die Namen wie »die dicke Winterdecke« oder »die Decke von deiner Mutter« tragen. Ich kann sie alle nicht voneinander unterscheiden, weil sie ja mit einem Bezug umhüllt sind, und es kommt regelmäßig zu unschönen Szenen, wenn ich mir versehentlich die dicke Winterdecke genommen habe und auch noch mit dem alten Sitzkissen im Rücken ein Buch lese.

Unser Bett ist außerdem an Kopf- und Fußende verstellbar, womit man wirklich die absonderlichsten Positionen einnehmen kann. Beispielsweise das Dinkelspreukissen unter die erhöht lagernden Beine geschoben und die Decke von meiner Mutter über den Kopf gezogen, der auf der Nackenrolle ruht, während man sich das Kappokkissen auf den Bauch gelegt hat.

Es sind Hunderte von Schlafstellungen möglich, und jeden Abend erhebt sich außerdem die Frage: Was liest man dazu? Also über welchem Buch möchte man in welcher Stellung einschlafen? Ich habe etwa 50 verschiedene Bücher in zwei Stapeln neben dem Bett gelagert, entscheide mich aber meistens für das oberste. Einmal habe ich versucht, ein Buch zu lesen, das auch wirklich zu Kissen, Decke und Körperposition gepasst hätte, das natürlich relativ weit unten im Stapel lag. Ich war aber schon zu müde, um alles wieder aufzuheben und neu zu stapeln, und am nächsten Morgen stolperte ich über die antiquarische Biografie von Alfred Brehm und riss im Fallen das Bügelbrett um, das eine unschöne Delle im Kleiderschrank hinterließ.

Zu meinem Leidwesen verfügt das Bett, in dem ich die meisten meiner Nächte verbringe, auch noch über eine Art Lehne am Kopfende, die sich irgendwie und mit einem angeblich ganz einfachen Handgriff schräg stellen lässt. Das sei dann, so wird mir immer wieder erklärt, »die Lesestellung«. Ich frage mich nur, wer in dieser Stellung und ohne »das alte Sitzkissen« lesen soll? Ich rutsche da jedenfalls immer ab.

Ich bin wirklich nicht gut im Bett, ich bin ein totaler Versager. Das Bett ist ein Ort voller heimtückischer Fallen. Es heißt ja auch, man liegt »im Bett«, aber »auf dem Sofa«. Da, auf dem Sofa übt man Kontrolle und Herrschaft aus. Dem Bett ist man ausgeliefert, man liegt drin und kann nur hoffen, dass alles gut geht. Auf mein Sofa lege ich mich dagegen völlig entspannt, schmiege meinen Körper an die Sofarückwand und stemme die Füße gegen die geflochtenen Seitenlehnen. Das Sofa ist zu kurz, um meinen Körper komplett ausgestreckt aufzunehmen, ich stoße überall auf Widerstand und habe damit sofort meine Idealposition gefunden. Da schlafe ich umgehend und problemlos ein.

Aber der Mensch wird leider nicht danach beurteilt, wie gut er auf dem Sofa ist. In unserer gnadenlosen Gesellschaft zählt nur, ob man gut im Bett ist. Wenn man gleich beim Kennenlernen einer Frau sagt: »Du, ich hab im Bett Probleme«, dann braucht man gar nicht erst vom Sofa anzufangen, dann ist die Beziehung beendet, bevor sie begonnen hat. Das Bett wird in unserer Gesellschaft vollkommen überbewertet. Es dominiert den Sprachgebrauch. Man wird zur letzten Ruhe gebettet und nicht gesofat, man geht mit den Hühnern ins Bett und nicht aufs Sofa und macht Urlaub in einer Bettenburg und nicht in einer Sofaburg. Aber in Hotelbetten wird es ja nicht besser. Grundsätzlich fühlt man sich beim Betreten von 95 Prozent aller Hotelzimmer so, als wäre man ein unerwünschter Eindringling. Alles ist unglaublich aufgeräumt und sauber. Vor allem das Bett haben speziell ausgebildete Kräfte so perfekt zurechtgezurrt, dass man glaubt, man könne sich nur mit dem Messer einen Weg unter die Decke erkämpfen. Die Decken von Hotelbetten sind nach einem vollkommen undurchschaubaren System übereinandergeschichtet und vor allem in Frankreich derartig eng mit dem Restbett verbunden, dass man eigentlich kaum dazwischenpasst. Es ist, als wolle man es sich in einem Käse-Schinken-Baguette zwischen Käse und Schinken bequem machen und schläft dann doch irgendwie zwischen Butter und Salatblatt. Ähnliche Bettenkonstruktionen finden sich auch in spanischen, englischen oder kanadischen Hotels. Gerne würde man das Tuch, das ganz oben liegt und meist einen irgendwie krankheitskeimhaltigen Eindruck macht, möglichst weit weg schaffen, damit man nachts nicht die gefährlichen Dämpfe einatmen muss, die diesen Hoteloberdecken mit Sicherheit entströmen. Aber wenn man versucht, die obere Decke zu entfernen, stellt man schnell fest, dass die anderen alle auf geheimnisvolle Weise mit ihr verbunden sind und man schließlich überhaupt keine Decke mehr hat. Denn es ist unmöglich, das Deckengeflecht wieder an seinem ursprünglichen Platz zu befestigen, und ohne Befestigung gleiten die Decken nach wenigen Minuten zu Boden. Wer beabsichtigt, auf einem Hotelbett zu übernachten, sollte sich auf jeden Fall einen Schlafsack mitbringen.

Aber unter den Decken lauert die Hotelmatratze! Sie macht natürlich mit der Bettwäsche gemeinsame Sache. Eingeklemmt zwischen zwei so heimtückischen Gegnern die Nacht zu verbringen, kann gefährlich sein. Die Hotelmatratze ist immer zu weich, zu hart oder zu durchgehend, meistens alles gleichzeitig. Schläft man nicht alleine, sollte man darauf achten, dass der Mitschläfer genau so schwer wie man selber ist, mit einer Toleranz von plus/minus 25 g. Jede Bewegung des schwereren Schläfers wird durch die Hotelmatratze hundertfach verstärkt. Dreht er sich einmal um, wird man aus dem Bett geschleudert. Bewegt er sich längere Zeit nicht, dann schiebt die durchgehende Matratze den leichteren Schläfer unaufhaltsam auf den schwereren. Man sollte deshalb immer Karabinerhaken mit sich führen, um sich damit an der Wand zu sichern.

Abgesehen von Decken und Matratzen gibt es noch viele andere Heimtücken. Es empfiehlt sich, den Kopfkissenbereich weiträumig abzusuchen, damit man das Schokoladentäfelchen auch wirklich aus dem Bett entfernen kann. Wer einmal mit einem Stückchen Vollmilch-Nuss das Bett geteilt hat, weiß, wovon ich spreche.

Auch ein Karamelbonbon kann für Alpdrücken sorgen. Der Bücherstapel fehlt zum Glück, aber dafür gibt es meistens mehrere Schalter neben dem Bett, mit denen man das Deckenlicht aus- und das Bettenlicht anknipsen kann. Allerdings muss man dazu irgendeinen Hauptschalter in die richtige Position gebracht haben, der sich meistens im Eingangsbereich befindet, und dann geht das Licht am Bett oft auch nur an, wenn das Deckenlicht aus ist, oder plötzlich leuchtet eine Stehlampe am anderen Ende des Zimmers auf oder der Fernseher beginnt zu sprechen. Es gibt Menschen, die alle nötigen Handgriffe wie selbstverständlich beherrschen und zwei Minuten später eingeschlafen sind. Ich bewundere diese Menschen, die gut im Bett sind. Ich sehe mich leider außerstande, den Kampf mit dem Hotelbett zu gewinnen. Nur allzu oft behält das Bett die Oberhand, und ich sitze verzweifelt auf dem Boden und lese im Lichtschein der

Minibar in der Hotelbibel: »Von dem Bett, das du bestiegen hast, wirst du nicht herunterkommen, sondern du musst sterben.« (2. Könige, 1,4)

Ich aber sage euch, ich werde überleben, weil ich das Bett gar nicht erst besteigen werde, sondern gleich auf dem Sofa übernachte, das ich selbstverständlich immer dabeihabe.

ERBKRANKHEITEN

Als ich vor Kurzem meine Steuerunterlagen gesichtet und nach Themengruppen sortiert in einem Ordner versammelt hatte, dachte ich unwillkürlich: So, jetzt kannst du sterben. Natürlich wurde mir sofort die peinliche Banalität, ja Dummheit dieses Gedankens bewusst, denn es hatte sich ja nur um die Steuer von **2009** gehandelt, die Unterlagen von **2010** harrten noch in einer krankhaft aufgeblähten Hängeregistratur ihrer Erledigung. Trotzdem ist das ein Gefühl, das in letzter Zeit sehr oft wiederkehrt. Vielleicht liegt es am Alter, jedenfalls beruhigt mich oft der Gedanke, ich hätte meine Angelegenheiten geordnet hinterlassen. Potenzielle Hinterbliebene könnten sich hemmungslos der Trauer hingeben, und ich müsste mir nicht aus dem Jenseits würdelose Gespräche anhören: »... ach, wissen Sie, was das Schlimmste ist, er hatte ja noch nicht mal die Steuer für **2010** gemacht, das bleibt jetzt alles an mir hängen ...«

Nein, solche Szenen will ich vermeiden, der Tod darf mich nicht mit Bergen voll ungeordneter Bewirtungsquittungen antreffen. Meine Familie soll einfach nur den Schmerz oder meinetwegen auch die Freude über mein Ableben auskosten dürfen. Tatsächlich muss man wohl eine Familie haben, um sich in derart schwachsinnigen Gedankenbahnen zu bewegen.

Es ist allerdings keineswegs so, dass mein gesamter Tagesablauf ein einziges memento mori carpe diem wäre. Ich bin durchaus in der Lage, den Abwasch zu erledigen, ohne danach zu denken: Wenn ich jetzt stürbe, wären wenigstens die Töpfe sauber.

Aber ist denn nicht doch der Großteil unseres Lebens eine einzige Nachlassvorbereitung? Meine Mutter wirft in Erwartung eines baldigen Ablebens ständig größere Teile ihres Hausstandes in den Müll oder ich muss ihn in die Altkleidersammlung transportieren: »Damit ihr nicht so viel zum Wegwerfen habt.«

Das geht jetzt seit beinahe neunzehn Jahren so, demnächst wird meine Mutter neunundachtzig. Vor Kurzem warf ich zehn Jahrgänge der Zeitschrift *Mojo* ins Altpapier. Ich hatte sie getreulich gesammelt, weil sie ein hervorragendes Nachschlagewerk der Popmusik abgegeben hätte, aber in Ermangelung eines Registers war es dann doch nur ein Haufen Papier, der zu viel Platz einnahm. Nach der Entsorgung war ich zwar noch nicht zum Sterben bereit, aber erleichtert.

Dem Tode noch näher fühlte ich mich, als ich meine Platten endlich komplett alphabetisch geordnet hatte. Sogar die Sonderabteilungen »Brasilien«, »Frankreich« und »Bubblegum«. Nur ein kleiner Stapel von etwa fünfzig Platten macht mir Sorgen, in ihm stehen die Neuerwerbungen, die ich noch nicht oder nur einmal gehört habe. Ich ordne eine Platte nämlich erst dann endgültig ein, wenn ich sie zum zweiten Mal abgespielt habe. Diesen ungeordneten Haufen müsste ich meiner Tochter hinterlassen, denn ich schätze, dass sie sich halbwegs ernsthaft mit der Verwaltung dieses Nachlassobjekts beschäftigen würde. Vielleicht sollte ich es wie Peter Handke oder Ror Wolf machen und meine Plattensammlung schon zu Lebzeiten ans Literaturarchiv nach Marbach verkaufen, aber ich befürchte, die wissen in Marbach gar nicht, wer ich bin, und deshalb muss ich das Ganze selber katalogisieren. Das steht mir nämlich auch noch bevor. Ich besitze einige Platten, u. a. von Leo Kottke, aber auch von den Monkees, doppelt, weil ich den Überblick verloren habe. So konnte ich mich anfangs zweimal freuen, musste mich am Ende aber auch einmal ärgern und mir Gedanken über Alzheimer machen. In Marbach würden kundige Archivare eingreifen. Wenn ich zweifelnd im Plattengeschäft stünde und überlegte, was ich eigentlich schon alles von der hervorragenden britischen Gruppe Brinsley Schwarz habe, dann würde ein Anruf in Marbach genügen und eine heisere Fistelstimme betete mir vor: »Silver Pistol«, »Despite it all«, »Nervous on the road« und »Playing new favourites«. Ich bin fest davon überzeugt, dass alle Archivare in Marbach heisere Fistelstimmen haben.

Warum gibt es noch kein »Archiv für literarisch so gut wie unbedeutende Autoren«? Irgendeine staatliche Stelle, die meinen Mist einlagert und mit Laufnummern versieht? Bis das geschaffen worden ist, bleibt leider noch dieses chaotische Resthäufchen, das ich,

100 Prozent aller Personen, die ihren letzten Willen aufgesetzt haben, sind später gestorben. Das Verfassen von Testamenten gilt deshalb als Todesursache Nr. 1.

so gerne ich das auch tun würde, auf keinen Fall alphabetisch vorordnen kann, denn hier müssen die Platten so stehen, wie sie reingekommen sind, die neuen vorne, die älteren hinten, sonst verliere ich den Bezug zu ihnen.

Falls also der Tod demnächst an der Tür klingelt, dann werde ich versuchen, noch ein bisschen Zeit rauszuschinden, um das Ordnungswerk zu vollbringen. In den folgenden Bereichen aber wird mich der Tod nicht unvorbereitet antreffen: Ich habe den Staubsaugerbeutel gewechselt, den gelben Sack entsorgt, die Winterreifen aufgezogen, das Wasser in der Heizung nachgefüllt, meine Publikationen an die VG-Wort gemeldet, den Tannenbaum abgeschmückt und an die Straße gelegt, alle Kugeln nach Farben sortiert in die entsprechenden Kästen eingeordnet und diesen Text fertiggestellt.

EITELKEIT

Wenn es einem nicht so gut geht, wenn man sich klein, unbedeutend, überflüssig fühlt, wenn man schon weiß, dass man ziemlich verhauen aussieht, ohne dafür auch nur in den Spiegel gucken zu müssen, dann hat man wirklich starken Trost nötig. Da braucht man Zuspruch und aufbauende Worte. Wo aber sollen die plötzlich herkommen?

Wer auf das falsche Verständnis von Gesprächstherapeuten, Pfarrern und Personal Coaches verzichten kann, der hat nicht viele Alternativen. Mutti wäre eine Möglichkeit, aber am praktischsten scheint es doch in solchen Fällen, wenn man eBay-Mitglied ist.

Dann ruft man einfach die Rubrik »Mein eBay« auf und schaut sich sein Bewertungsprofil an. Also, ich mache das regelmäßig und fühle mich hinterher jedes Mal großartig. Mein Bewertungsprofil ist aber auch großartig: »100 Prozent positiv«. Das hat nicht jeder. 157 Bewertungen, und alle positiv.

Im wirklichen Leben würde das bedeuten, dass die letzten 214 Menschen, denen man begegnet ist, einen alle gut gefunden haben. Was heißt hier gut, supergut natürlich, denn so urteilt man bei eBay über mich:

»Super! Perfekter eBay-Partner! Danke!« oder: »ÄUSSERST EMPFEHLENSWERT – DANKE!!!« oder: »Typisch eBayer der Sonderklasse«, »Spitze! So macht eBay Spaß«, »Hat alles super geklappt« und: »Alles bestens, jederzeit gerne wieder, dankeschön«, »Alles super – nix lief schief – so was nennt man positiv«.

Und es sind nicht nur Deutsche, die mich gut finden: »Excellent buyer, great communication«, »Smooth transaction«, »Great eBay-member«, »Très rapide sans soucis sans problème«, »je le recommande«, rufen mir meine ausländischen Bewunderer hinterher.

In diesen Lobeshymnen kann ich baden, keiner hält so große Stücke auf mich wie meine eBay-Partner, und sie haben auch allen Grund dazu. Denn eigentlich finden diese ganzen vollmundigen Lobesredner nur eins an mir gut: dass ich so schnell mit der Kohle rüberrücke. Ich bin nämlich ausschließlich Käufer und bezahle sofort, ich beklage mich nie, selbst wenn die Schallplatte doch etwas mehr knistert, als es die Kategorie »mint« eigentlich vorschreibt. Mir geht es schon längst nicht mehr um die Ware, sondern ich bin süchtig nach Lob. »Danke für die perfekte Kaufabwicklung«, das ist es, was ich hören will, und auch »Turbozahlung – Spitze!« baut mich wieder richtig auf.

Ich finde, so etwas sollte die Kirche auch einführen. Ein Bewertungsprofil zu Lebzeiten, damit man weiß, zu wie viel Prozent man schon im Himmel ist. Da liest man dann: »Äußerst empfehlenswerter Gläubiger« oder: »Superbeter! Spitzenbüßer – so macht Glauben Spaß!« und natürlich: »Reuiger Sünder der Spitzenklasse – gerne wieder.«

MISSTRAUEN

Regelmäßig wache ich mitten in der Nacht auf. Schweißgebadet natürlich, weil man mitten in der Nacht meistens schweißgebadet aufwacht oder von einem un-
erklärlichen Geräusch. Ich höre aber kein Geräusche,
wenn ich welche gehört hätte, dann wären es Beiß-
geräusche gewesen. Die wären von den Gewissens-
bissen gekommen, die ich seit einigen Wochen habe.
Ich weiß gar nicht mehr, wann es angefangen hat,
ich schenkte der Sache nämlich zunächst keine Be-
achtung. Wahrscheinlich fing es so an: Immer wenn
ich meine E-Mails aufrief, tauchte ein Banner auf: »Kein
Scherz, Sie haben gewonnen. Schauen Sie sofort nach,
um welches dieser Cabrios es sich handelt: Audi TT
Roadster, BMW 3, Opel GT.«

Niemals habe ich auch nur den Versuch unternom-
men, diese Benachrichtigungen anzuklicken, weil ich
dem Internet grundsätzlich misstraue, aber bestimmt
erschienen sie über tausendmal. Ich rufe nämlich sehr
häufig meine Mails auf, weil ich hoffe, verlockende
Angebote von Verlegern, Filmproduzenten oder wenigstens Frauen zu bekommen. Meistens werde ich
nur darüber informiert, dass ein neuer Film anläuft,
dass bei Amazon CDs der Bee Gees billiger geworden sind oder dass ich mein Geschlechtsorgan in
zwei Wochen um 40 Prozent verlängern könnte. Ich
habe aber nur ein sehr kleines Arbeitszimmer, des-

halb mache ich von diesem Angebot lieber keinen Gebrauch. Genau wie ich niemals nachgucke, welches der drei Cabrios ich gewonnen habe. Tausendmal hat man mir ein Cabrio angeboten, und tausendmal habe ich es ausgeschlagen. Jetzt stehen irgendwo tausend Cabrios herum oder vielmehr dreitausend, denn die Gewinnspielveranstalter konnten ja nicht wissen, welches ich mir aussuchen würde. Bestimmt bin ich nicht der Einzige, der ein Cabrio gewonnen hat und nicht nachguckt. Nehmen wir nur an, es sind in ganz Deutschland tausend Menschen, dann stehen jetzt irgendwo drei Millionen Cabrios und warten, dass man mal nachguckt. Es werden täglich, stündlich mehr. Sie nehmen mit Sicherheit schon eine Fläche ein, die so groß wie das Saarland ist, wahrscheinlich ist längst das ganze Saarland von Cabrios bedeckt, ich weiß es nicht, ich war länger nicht mehr dort.

Warum bringe ich einfach nicht den Mut auf und schaue mal nach? Natürlich ist es Blödsinn, im Winter mit dem Cabrio durch die Gegend zu fahren, das wirkt lächerlich, vor allem im Saarland. Ich hätte trotzdem längst mal nachgucken müssen, sie schreiben ja extra, es wäre »kein Scherz«. Wenn es ein Scherz wäre, dann hätten sie geschrieben: »Ein Scherz: Sie haben gewonnen.« Aber das haben sie nicht geschrieben, und deshalb muss es stimmen.

Wenn ich aber jetzt anfange, nachzugucken, und es stellt sich raus, dass ich ein Opel Cabrio gewonnen habe, dann muss ich ins Saarland fahren, um mir meinen Gewinn abzuholen. Da führt man mich auf eine sehr hohe Aussichtsplattform und zeigt mir bis zum Horizont Cabrios. In allen Farben. Und hinter dem Horizont geht es weiter. Die Gewinnspielveranstalter sehen mich strafend an. »Und welcher ist meiner?«, frage ich schnell, um ihren Blicken zu entgehen. Sie deuten nach hinten, ganz weit nach hinten, ans Ende des Saarlands. Da steht mein Cabrio. Dann händigen sie mir meinen Wagenschlüssel aus und dazu noch drei Millionen andere Zündschlüssel, von den Cabrios, die vor meinem Cabrio stehen. Bevor ich an mein Cabrio herankomme, muss ich die erst alle wegfahren. Und das ist dann der Moment, wo ich schweißgebadet aufwache.

TIERLIEBE

Als das reizendste, anmutigste und perfekteste Wesen in Gottes Schöpfung kann zweifellos das Kaninchen angesehen werden. Es ist schön an Gestalt, von bescheidener Art, lebt vegetarisch und verhält sich vor allem ruhig. Es schleimt sich nicht an den Menschen heran wie der Hund und frisst auch keine kleinen Vögel wie die völlig überschätzte Katze. Das Kaninchen lässt sich nicht von Rentnern durch die Straßen zerren, um auf öffentlichen Gehwegen seine Notdurft zu verrichten. Es ist nicht stachelig, glitschig oder giftig, es gibt sich weich, anschmiegsam und freundlich. Das Kaninchen sitzt in seinem Stall und beobachtet. Es beobachtet, frisst und pflanzt sich fort – wenn man ihm Gelegenheit dazu gibt. Sonst beobachtet und frisst es nur.

Man kann einen Menschen sehr gut danach beurteilen, wie er auf den Anblick eines Kaninchens im Stall reagiert. Sagt er »Mmmh, das ist aber ein leckerer Braten«, dann müssen wir mit diesem Subjekt keinen weiteren Kontakt mehr pflegen. Selbstverständlich lässt sich ein Kaninchen auch schmackhaft zubereiten, aber erstens produziert man sich nicht vor einem Kaninchen als Komiker, und zweitens zeugt so eine Bemerkung von einer erschreckenden Herzensrohheit.

Ich muss es wissen, denn zwei Meter vor meinem Küchenfenster sitzt ein weißes Kaninchen. Es hat schwarze Augen, die von einem schwarzen Fellring umrandet werden. Wie das Kaninchen heißt, hat es mir nicht verraten – meine Tochter gab ihm den Namen Tinka, was eigentlich ein Pferdename ist, woraus man schließen kann, dass meine Tochter ursprünglich ein anderes Tier haben wollte. Doch wer weiß schon, wie Kaninchen wirklich heißen? Horst, Heinz, Erwin oder Joe, Jim oder Shorty? Merall, Chantal oder Senta? Vielleicht heißen sie auch Batz, Springer und Fellchen? Die Cree-Indianer nennen das Kaninchen Shwan-Sai-Te, das bedeutet so viel wie »Tier, dessen Namen man in Deutschland nicht kennt«. In China bezeichnet man das Kaninchen als »Shen-Take«, was so viel heißt wie »Nr. 37 mit Reis oder Glasnudeln«.

Man weiß in Deutschland viel mehr über Wale oder Haie als über Kaninchen. Aber kein Pottwal würde jemals zwei Meter vor unserem Küchenfenster herumliegen und uns schöne Augen machen. Das Kaninchen aber schaut mir mit seinen tiefschwarzen Augen aufmerksam zu, während ich einen Apfel esse oder Zeitung lese. Sobald die Familie eine Mahlzeit einnimmt, fängt auch das Kaninchen an zu essen. Das zeugt von einem erstaunlichen Taktgefühl. Niemals schlingt das Kaninchen seine Nahrung geräuschvoll sabbernd in sich hinein wie ein Golden Retriever, es knabbert bedächtig vor sich hin. Mit einem stinkenden Pansen kann man ihm überhaupt keine Freude machen. Ein Kaninchen wirkt immer interessiert. Dabei mischt sich das Kaninchen aber nie ein, so wie es andere Familienmitglieder ständig tun, es stellt keine Fragen und macht auch keine unerwünschten Vorschläge, obwohl das Kaninchen höchstwahrscheinlich vieles besser weiß. Es kann mit zwei Ohren mehr als mit tausend Worten sagen. Es kann diese Ohren sogar unabhängig voneinander bewegen. Das Kaninchen ist auch keineswegs feige, es kann fauchen, beißen und kratzen. Das Kaninchen namens Tinka jagt Katzen, die vor seinem Stall herumlungern, einen heillosen Schreck ein, wir sind überzeugt, es könnte auch Hunde in die Flucht schlagen. Kaninchen sind für ihre Sprungkraft bekannt. Sie können Hindernisse überspringen, die ihre Körpergröße um ein mehrfaches übersteigen. Dafür hat das Kaninchen sogar seinen eigenen Leistungssport namens »Kaninhop«.

Tinka ist zehneinhalb Jahre alt, sie wurde entgegen sämtlicher Empfehlungen alleine gehalten, hat einen relativ kleinen Auslauf und wurde nie geimpft. Sie bekommt sehr unregelmäßig zu fressen, manchmal wache ich nachts auf und überlege, wer ihr wohl zuletzt etwas gebracht hat, und sehr häufig bin ich nachts um drei nur mit einem Schlafanzug bekleidet durch den Garten gewankt und habe einem heißhungrigen Kaninchen Apfelschnitze und Brotkanten gebracht. Ich glaube, diese sehr unregelmäßige Versorgung hat mit zu seinem hohen Alter beigetragen. Das Tier wird quasi unter naturähnlichen Bedingungen gehalten, denn draußen gibt es ja nicht nur Kännchen, sondern manchmal eben gar nichts. Genau betrachtet habe ich in den letzten neun Jahren mehr Zeit mit dem Kaninchen als mit jedem anderen Familienmitglied verbracht. Tinka draußen in ihrem Stall und ich in meinem Laufrad vor dem Computer.

Das Kaninchen sollte ein Vorbild für unser ganzes Volk sein. Aber das deutsche Wappentier ist der Adler, ein vollkommen überschätzter Vogel, der sich hauptsächlich von Kaninchen ernährt. Ob ein Staat, der so viel auf seine pazifistischen Grundwerte hält, sich ausgerechnet mit einem aggressiven und brutalen Tier wie dem Adler schmücken sollte, bezweifele ich. Würde im Reichstag stattdessen das Bundeskaninchen hängen, wäre das ein ganz anderes Signal an die Völker der Welt.

Im Gegensatz zu seinen politischen Vertretern bekennt sich das deutsche Volk entschlossen und eindrucksvoll zum Kaninchen. Es gibt allein 185.000 offiziell registrierte Mitglieder im Zentralverband Deutscher Kaninchenzüchter (ZDK). Kein anderes Volk auf der Welt hat sich so vehement der Aufzucht, Pflege und Veredelung dieses Tieres verschrieben. Etwa zweieinhalb Millionen Kaninchen leben überirdisch in Ställen, Ausläufen und Transportboxen. Noch mal so viele ihrer wilden Verwandten leben unterirdisch und haben Deutschland mit einem komplexen System von Gängen und Schlafhöhlen untergraben. Diese architektonische Meisterleistung wird natürlich nirgendwo gewürdigt und Kaninchen erwarten das auch gar nicht.

Dank übertriebener Tierliebe erreichen manche Kaninchen eine mehr als stattliche Größe.

Die ZDK-Mitglieder züchten über 70 anerkannte Rassen, darunter finden sich so fantastische Gattungen wie »Deutsche Riesenschecken«, »Weiße Hotot«, »Blaugraue Wiener«, »Sachsengold«, »Russen-Rex«, »Kastanienbraune Lothringer« und der etwas bedrohlich wirkende »Separator«. Ein Tier, das sich zu DDR-Zeiten bestimmt großer Beliebtheit erfreute. Wahrscheinlich kann das Kaninchen jede beliebige Gestalt annehmen. Über die »Deutsche Riesenschecke« lesen wir: »Das Mindestgewicht dieser großen Rasse liegt bei 5 kg, das Normalgewicht über 6 kg, ein Höchstgewicht gibt es nicht.« Eine 30 Tonnen schwere Riesenschecke wäre also im Bereich des Möglichen, ein Tier, das ganz Ostdeutschland endgültig verwüsten könnte.

Aber das Kaninchen zieht diese Möglichkeit nicht einmal in Betracht, weil es im Grunde seines Herzens friedlich ist. Durch die intensive Kaninchenzucht leistet Deutschland einen entscheidenden Beitrag zur Verbreitung des Weltfriedens. Würden alle Länder der Erde statt Waffen Kaninchenställe bauen, dann gäbe es auf der Welt möglicherweise endlich dauerhaften Waffenstillstand, auf jeden Fall aber sehr viel mehr Kaninchenställe.

POLGARRHYTHMUSSTÖRUNGEN

Gestern habe ich etwas getan, was ich eigentlich nie im Leben tun wollte. Es geschah bei REWE, wo ich normalerweise Tomaten, Mozzarella, Butter oder Chips mit Essiggeschmack einkaufe. Aber gestern habe ich mir von dort einen Polgar mitgebracht. Der stand gar nicht auf meiner Einkaufsliste, aber weil er da so einladend im Kassenbereich lag und ich ihn noch nicht hatte, habe ich ihn gekauft.

Der Polgar war im Preis reduziert, anscheinend war sein Haltbarkeitsdatum abgelaufen, und deshalb kostete er nur 2,50 Euro. Ich wäre ein Narr gewesen, da nicht zuzugreifen. Natürlich ist der Inhalt eines Polgars schon etwas älter, aber wie bei gutem Wein wird er mit dem Alter nur noch besser.

Ich hatte zu Hause übrigens schon fünf Polgars, aber den besaß ich noch nicht. Meine Familie war überrascht, als zwischen Lauch, Äpfeln, Ahornsirup und Zwieback der Polgar zum Vorschein kam: »Was hast du denn da gekauft?«, wollte mein Sohn wissen.

Ich antwortete: »Einen Polgar.«

Für einen Moment herrschte Schweigen, dann fragte meine Tochter: »Und was macht man mit dem Polgar?«

Ich griff nach dem Polgar und befühlte ihn von allen Seiten, dann öffnete ich ihn vorsichtig, schaute hinein und sagte: »Lesen.«

Wie bereits erwähnt, war es wirklich das erste Mal, dass ich im Supermarkt einen Polgar gekauft habe, aber ein alter Polgar ist qualitativ eine derartig hochwertige Ware, dass er selbst neben einem Stapel Melonen aus Spanien oder Kiwis aus Ungarn taufrisch wirkt. Ein Polgar gilt unter Kennern als ein vortreffliches Stärkungsmittel. Sie können Ihren Polgar natürlich auch in einer Buchhandlung kaufen. Allerdings gibt es da keinen frischen Lauch.

BLASENENTZÜNDUNG

Als ich vier Jahre alt wurde, schenkte mir meine Mutter ein unfassbar rotes Fahrrad mit Stützrädern. Es stand am Geburtstagsmorgen mitten im Wohnzimmer und glänzte schöner als ein Weihnachtsbaum.

Vor allem begeisterten mich die Lenkergriffe aus leuchtend rotem Plastik, das Anfang der Sechzigerjahre wahrscheinlich aus reinem Cadmium bestand. Ich setzte mich auf den Sattel, drehte an den Griffen, machte Motorgeräusche, legte mich in die Kurven und bremste laut aufquietschend. Leider währte mein Glück nicht lange, denn trotz meiner Proteste wurde das Fahrrad schon am Abend aus dem Wohnzimmer entfernt und in den Keller gebracht. Und meine Mutter bestand darauf, ich müsste Fahrradfahren lernen, obwohl mir Fahrradsitzen völlig gereicht hätte. Also schwankte ich monatelang verbissen auf vier Rädern über die Bürgersteige meiner ostwestfälischen Heimatstadt und wehrte mich erfolgreich durch lautes Schreien gegen die Umwandlung meines vierradgetriebenen Vehikels in ein Zweirad.

An einem Sonntag übernahm mein Patenonkel den Fahrradunterricht. Er ging mit mir auf ein großes asphaltiertes Hockeyfeld im Park und schob mich, jovial lächelnd, unermüdlich und immer rasanter an. Ich juchzte vor Vergnügen, raste los und fuhr beglückt auf dem Platz herum, bis ich auf einmal merkte, dass ich keine Stützräder mehr hatte. Ich kam ins Schlingern, stürzte und schrie wie am Spieß. Mein Onkel half mir schmunzelnd mit einer Hand wieder auf, in der anderen hielt er die abgeschraubten Stützräder. Er hatte mich reingelegt, aber mir auch eine wichtige Lektion beigebracht: Man sollte im Leben immer aufpassen, ob man noch mit Stützrädern unterwegs ist.

Wenige Jahre später saß ich an einem warmen Frühlingstag nichtsahnend im Heimatkundeunterricht bei Fräulein Klußmann, als plötzlich Herr Legler, der Direktor, an der Tür auftauchte. Die beiden tuschelten eine Weile, und dann rief die Lehrerin die Namen von fünf Mädchen und einem Jungen auf. Sie sollten sofort zum Direktor kommen. Der Junge war ich. Auf dem Weg zu Herrn Leglers Büro zermarterte ich mir das Hirn, was ich wohl angestellt haben könnte, aber ich war so unglaublich brav, dass mir absolut nichts einfiel.

Voller unerklärlicher Schuldgefühle standen wir alle im Büro des Direktors, wo ein jüngerer, schwarzhaariger Mann saß, der uns prüfend musterte. Das sei Herr Oberschelp, erklärte der Direktor, und er wolle jeden von uns einzeln hören. Ein Mädchen nach dem anderen verschwand mit dem Schwarzhaarigen im Nebenzimmer, und nach kurzer Zeit kamen sie wieder raus und setzten sich bedrückt auf einen Stuhl. Schließlich kam ich an die Reihe. Herr Oberschelp gab mir ein Blatt in die Hand und sagte, ich solle das mal vortragen. Es war das Lied: »Geh aus mein Herz und suche Freud«. Ich sang es, so gut ich konnte, Herr Oberschelp unterbrach mich aber nach kurzer Zeit und sagte, er habe genug gehört, wir sollten jetzt alle wieder in unsere Klassen gehen. Am nächsten Tag mussten Manuela Fröbe, Anette Grube und ich aufstehen, und Fräulein Klußmann erklärte, wir seien jetzt Mitglieder des Bielefelder Kinderchors. Das galt als die größte Ehre, die einem Kind überhaupt widerfahren konnte, andererseits war es für einen gesunden Jungen auch etwas peinlich, so als wäre man der Klassenbeste in Handarbeiten. Der Bielefelder Kinderchor besaß einen legendären Ruf, er unternahm Reisen nach Amerika und Japan und war nach den Wiener Sängerknaben und den Regensburger Domspatzen die Nr. 3 unter den Kastratenchören. Wenige Wochen später stand ich auf der Bühne der Oetkerhalle in der ersten Reihe und sang »Vom Himmel hoch da komm ich her«.

Was von der Tonhöhe her auch stimmte. Nach dem Vortrag bat mich der Dirigent nach vorne, und ich durfte mich vor den Zuschauern verbeugen. Meine Mutter war schwer gerührt. Leider konnte ich mich nicht ständig in dem mächtigen Klangkörper verstecken. Abgesehen von den Auftritten gab es nämlich auch die wöchentlichen Übungsstunden. Da saßen etwa fünfzig Sänger beisammen, lernten neue Lieder und wie man einen Quintenzirkel auseinanderschraubt und wieder zusammensetzt. Am Schluss musste jedes Mal einer vortreten und ganz alleine das Gelernte vorsingen. Jederzeit konnte es mich treffen, und ich wusste, dass ich keinen Ton herausbringen würde, wenn ich alleine, ohne die Stützräder eines Chores, singen müsste. Als ich nach etwa zwanzig Wochen immer noch nicht vorne gestanden hatte, hielt ich die Spannung nicht mehr aus und ging einfach nicht mehr hin. Ich legte mir einen batteriebetriebenen Mister-Hit-Plattenspieler zu und ließ andere für mich singen. Noch viel später legte ich mir sogar einen Stimmbruch zu, aber vorher bestand meine Mutter darauf, dass ich wenigstens ein Instrument lernen sollte, wenn ich schon nicht singen wollte.

Zwar beherrschte ich bereits die C-Flöte und war sogar in der Lage, »Was soll das bedeuten« auf zwei Instrumenten gleichzeitig zu spielen, womit ich auch heute noch nichtsahnende Gäste zu vorgerückter, nicht ganz alkoholfreier Stunde beeindrucke, aber eine Blockflöte galt eigentlich nicht als ernst zu nehmendes Instrument.

Ich wollte Cellist werden und trug diesen Wunsch dem Leiter der Jugendmusikschule vor. Er schüttelte bedenklich den Kopf: Man habe schon so viele Cellisten, da würde ich wohl nie ins Orchester kommen, und das wolle ich doch? Ich war gar nicht am Orchester interessiert, ich wollte Cello spielen, nickte aber trotzdem verwirrt. Der Mann nutzte eiskalt und erwachsenenhaft meine Unsicherheit aus und fragte lauernd: »Wie wär's denn mit Geige?« Daran hatte ich noch nie gedacht, aber je länger ich überlegte und er auf mich einredete, desto mehr wurde mir klar, dass eine Geige nichts anderes war als ein kleines Cello, das man sich unters Kinn klemmte, und so verließ ich die Jugendmusikschule mit einem abgewetzten schwarzen Koffer, in dem sich eine noch viel abgewetztere Geige befand. Was ich nicht wusste: Es hätte auch ein Bolzenschussgerät drin sein können.

Jedes Instrument klingt schrecklich, solange man es nicht spielen kann, aber die Geige klingt am schrecklichsten, und man braucht lange, um sie zu beherrschen. Bis dahin beherrscht einen die Geige, die zwar in meinem Fall über eine Kinnstütze verfügte, aber ansonsten wenig Hilfestellung anbot. Jeden Ton musste ich mir mühevoll auf dem rutschigen Griffbrett selber suchen, die meisten habe ich nie gefunden. Vor Wut schlug ich oft mit dem Bogen auf den Wohnzimmertisch. Nachdem ich zum sechsten Mal einen neuen Bogen bekommen hatte, gab ich auf. Doch ich hätte nicht die Bögen, sondern das Instrument zerschlagen müssen – ein typischer Anfängerfehler. Nach anderthalb Jahren erklärte ich meiner Mutter, das Instrument sei defekt, es würden mehrere Töne fehlen, und sie erlaubte mir, den Geigenunterricht zu beenden. Als wir die Höllenleihgeige zur Musikschule zurückbrachten, machte man mir zu meiner Überraschung ein »einmaliges Angebot«. Ich könne doch etwas anderes lernen, und das kostenlos, für ein Jahr. Die Musikschule habe da gerade zwei ganz neue Instrumente erworben und wolle nun die dazu passenden Musiker ausbilden. Ich hatte zwar noch nie von einem Instrument namens Fagott gehört, aber zehn Minuten später ging ich mit einem nach Hause.

Der Koffer war tonnenschwer, hatte natürlich keine Stützräder, und als ich ihn öffnete, lagen insgesamt vier Instrumente und ein Abflussrohr darin. Die vier Instrumente konnte man zu einem zusammensetzen, dass dann wie eine panzersprengende Waffe aussah, obendrauf musste man das Abflussrohr stecken und vor das Abflussrohr ein Blättchen. Dann hängte man sich eine Hundeleine um den Hals und kettete sich damit an dem Fagott fest. Im Gegensatz zur Geige sind auf dem Fagott immerhin die Töne durch Löcher markiert, so findet man sie wenigstens, doch bevor ich überhaupt den ersten Ton spielen durfte, musste ich erst mal ein halbes Jahr lang Zwerchfellatmung trainieren. Dazu sollte ich immer »Hohohoho« machen und meinen damals noch nicht vorhandenen Bauch dazu vibrieren lassen. Ein entwürdigendes Schauspiel. Ich begriff sehr schnell: Das Fagott ist ein Folterinstrument, ja man kann damit noch nicht einmal Frauen beeindrucken. Es ist aus der Literatur kein einziger Fall bekannt, in dem ein Mann das Herz einer Frau durch einschmeichelnde Töne gewann, die er seinem Fagott entlockte. Das Fagott ist der Roland Pofalla unter den Instrumenten, den Namen hat man schon mal gehört, aber man weiß eigentlich nicht, welche Geräusche es hervorbringt. Es kursieren auch nur die erbärmlichsten Witze über dieses Instrument. Da wird ein Musiker gefragt: »Was spielen Sie denn?« – »Fagott.« – »Ach, warum spielen Sie denn nicht für die Menschen?«

Wenn man sich mit einem Fagott in der Einkaufszone in Stellung brächte, würde man wegen Nötigung und Belästigung Minderjähriger verhaftet, noch bevor auch nur eine schwerhörige Rentnerin einen Cent in unseren Fagottkasten geworfen hätte.

Ich schleppte den zwanzig Kilo schweren Kasten mit der zerlegten Stalinorgel ein Jahr lang zwei Kilometer weit zum Unterrichtsraum, bekam einen Haltungsschaden, wurde zu einem gesellschaftlichen Außenseiter, und obwohl ich fast täglich in das Abflussrohr blies, kamen nur quäkende Geräusche dabei heraus, die etwa so klangen, als würde man ein sehr seltenes Tier quälen. Und das stimmte ja auch. Das Tier war ich, und mir war klar, wenn ich noch länger spielte, würde ich zeugungsunfähig werden und anschließend aussterben. Um meine Art zu erhalten, brachte ich den vierteiligen Instrumentenbausatz samt Abflussrohr wieder zur Foltergeräteausgabestelle der Musikschule zurück, bevor der Unterricht auch noch Geld kostete.

Traumatisiert durch diese Erfahrungen, weigerte ich mich zunächst erst mal, ein weiteres Instrument zu erlernen. Bis ich bei einem Trödler etwas entdeckte, das mich sofort faszinierte. Es glänzte schwarz, hatte viele Hebel und eine Walze – und das Beste:

Die Namen der Töne waren direkt auf die Tasten geschrieben. Links und rechts befanden sich zwei Stützräder, auf denen man die Hände ablegen oder die
Walze damit bewegen konnte. Das Instrument trug
den Namen »Gabriele«. Man konnte die herrlichsten
Töne darauf erzeugen, und wenn man am Ende eines
Taktes angekommen war, erklang ein Glöckchen.
Ich zögerte nicht und kaufte die Schreibmaschine.
Bis heute beherrsche ich sie nicht wirklich, aber ich
übe weiter, und an guten Tagen spiele ich sogar aus-
wendig.

*Panzersprengende Waffen sind kein geeignetes Spielzeug für
Heranwachsende.*

PASSIVITÄT

Kürzlich hielt ich im Supermarkt eine Packung in der Hand, die mir sehr zu denken gab. Ich brauchte den Inhalt, um eine Sauce zu verlängern, eine Sauce, für die ich Zwiebeln, Tomaten, Paprika und frischen Basilikum vermischt hatte. Ich betrachtete verwirrt die Aufschrift der rechteckigen Packung, und da stand »Passierte Tomaten«. Nicht besonders groß, nicht unglaublich auffällig, aber eben doch deutlich lesbar: »Passierte Tomaten«. Erstaunlich, dass solche Dinge im Supermarkt verkauft werden. Gehört eigentlich eher in einen Buchladen: »Passierte Tomaten« von Walter Kempowski. Vielleicht auch von Peter Handke. Am ehesten ein Gedichtband von Sarah Kirsch. Oder ein Familienroman von Jonathan Franzen. Originaltitel »Tomatoes that had happened«. Könnte man aber auch in einem Museum für moderne Kunst finden: »Passierte Tomaten«, Installation von Klaus M. Schwerkenbäumer, Bronze auf Eisendraht, 2007. Ich hatte jedoch weder in der Buchhandlung noch im Museum eingekauft, sondern im Plus-Markt. Da gab es diese »Passierte Tomaten« in der BioBio-Edition. Aber wie können Tomaten passieren? Unglücke passieren, Unfälle, Malheure. Oft, sehr oft, passiert ES. Oder man passiert Hildesheim auf der Fahrt nach Braunschweig. Aber Tomaten? Ist das möglich? Gibt es Tomaten in der Leidensform?

Vielleicht handelt es sich um einen neuen Trend und man findet bald eine richtig große Passivabteilung in jedem Verbrauchermarkt. Da kann man dann »Geknackte Haselnüsse«, »Geriebenen Käse«, »Verflüssigte Orangen« kaufen. Nicht unbedingt empfehlenswert sind »Gebrauchte Paprika«. Für Diätwillige gibt es dann noch »Gewesene Nougatschokolade« in der leeren 100 g-Packung. Kein Produkt ist aber so lyrisch, strahlt einen solchen rätselhaften Zauber aus wie die passierten Tomaten. Und das Beste: Obwohl sie schon passiert waren, konnte ich sie ohne Weiteres für die Sauce verwenden. Die Tomaten waren also sogar wiederpassierbar.

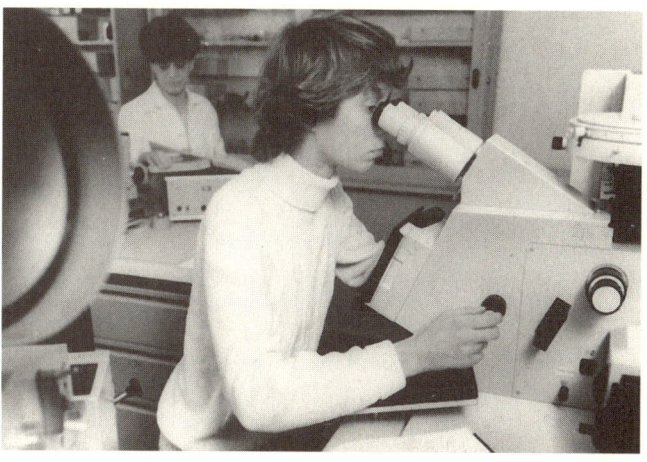

Die vergleichende Beobachtung passierter Tomaten zählt zu den Königsdisziplinen der Linguistik, kann aber auch zu Schlafstörungen führen.

KONZENTRATIONSSTÖRUNGEN

In meinem Bekanntenkreis beneidet man mich, weil ich zu Hause arbeiten kann, und ich würde auch wirklich gerne mal damit anfangen, aber erst mal muss ich jeden Morgen den Paketboten abwarten, der bei mir die Sendungen für alle Nachbarn im Umkreis von zwei Kilometern abgibt.

Aus Verantwortungsbewusstsein und wegen der sozialen Kontrolle stapele ich die mir anvertrauten Pakete nicht einfach nur im Flur, sondern sehe sie mir erst mal genauer an. Daher weiß ich, dass der immer grundlos lächelnde Mann von gegenüber »Die Sonne«, das Zentralorgan des Deutschen Vereins für Freikörperkultur abonniert hat und die alleinstehende, pensionierte Kunstlehrerin zwei Häuser weiter sich fast täglich ein Paket von der Firma Manufactum schicken lässt.

Wahrscheinlich arbeitet sie an einem Objekt aus Bakelit-Telefonen. Im Laufe des Tages muss ich dann die Empfänger abpassen und ihnen ihre Pakete überreichen.

Nachdem der Paketbote mir meine Aufträge erteilt hat, steht manchmal ein Mann mit einem länglichen Koffer vor der Tür, fragt erst nach »der Dame des Hauses«, und als ihm klar wird, dass ich das bin, will er wissen, ob ich »die Produkte der Firma Vorwerk« kenne. Dabei wedelt er mit einer kleinen Tüte vor meiner Nase herum. Ich kenne die Produkte der Firma Vorwerk nicht, sage aber trotzdem »Ja«. Denn der Vorwerkmann würde niemals insistieren: »Na, dann zählen Sie mir mal wenigstens drei davon auf.«

Der Mann mit dem Koffer ist nicht nur ein Staubsaugervertreter, er sieht auch aus wie ein Staubsaugervertreter. Eine Gattung, die eigentlich schon ausgestorben sein, die längst auf der Roten Liste stehen müsste, gleich hinter Pandabär und Sumatranashorn. Wenn ein Pandabär bei mir klingeln würde, ließe ich den natürlich sofort rein und würde ihm auch einen Staubsauger abkaufen, wenn er einen dabeihätte. Den Vorwerkmann lasse ich nicht rein, weil ich aus einer Fernsehreportage weiß, dass er dann sofort den Inhalt seiner Tüte auf meinem Teppich ausschüttet.

Dabei handelt es sich um eine Art Spezialdreck, den nur ein Gerät der Firma Vorwerk aufsaugen kann, das er zweckmäßigerweise in dem länglichen Koffer versteckt hält. Die Zusammensetzung dieses Drecks ist komplizierter als die menschliche DNA, enthält von Asche, Lehm, Pyramidenresten und schwach strahlendem Plutonium jede Art von Dreck aus den letzten 3000 Jahren Zivilisationsgeschichte, und der Vorwerksauger hat für jeden Dreck eine Spezialdüse. Es wäre also ein fataler Fehler, diesen Panda ins Haus zu lassen. Mir bliebe nach der beeindruckenden Vorführung ja gar nichts anderes übrig, als den Staubsauger zu kaufen.

Immer seltener erscheinen zum Glück gehetzt wirkende junge Menschen, die fragen, ob ich »etwas gegen ehemalige Straftäter« hätte. Darauf antworte ich für gewöhnlich wie aus der Pistole geschossen mit »Ja«, denn ich will weder den Stern noch den Spiegel abonnieren.

Etwas anders verhält es sich bei den derb gekleideten Menschen mit abenteuerlich speckigen Cordhüten auf dem Kopf, die mir einen Apfelschnitz entgegenhalten und erklären, sie wären gerade mit Obst aus dem »Alten Land« unterwegs. Sie lächeln verschwörerisch, als sei das eine ungeheure Sensation, dass sie ausgerechnet dieses Obst jetzt, in diesem Moment, dabeihätten.

Das »Alte Land« scheint eine verfluchte Gegend in Mittelerde zu sein, die von bösartigen Trollen und Zauberern bewacht wird. Diesen Dämonen haben die fahrenden Händler das Obst unter Lebensgefahr entrissen und stehen nun vor meiner Tür, um es mir anzubieten. Leider weiß ich, dass dieses sogenannte Alte Land nicht in Mittelerde liegt, sondern das größte zusammenhängende Obstanbaugebiet Deutschlands ist. In jedem Supermarkt kann man solches Obst kaufen, allerdings nicht von fahrenden Obsthändlern mit Cordhüten. Deshalb bin ich nicht abgeneigt, vor allem, wenn dann noch meine Tochter, die gerade aus der Schule gekommen ist, neben mir steht und sagt: »Wir brauchen doch Äpfel.« Allerdings keine 50 Kilo, denn weniger dürfen die Cordhüte nicht hergeben, sonst würden sie auf der Stelle zu Stein. Schweren Herzens lasse ich sie ziehen.

Solange noch kein Schnee liegt, muss man täglich mit dem Besuch des Einbeinigen rechnen. Als der Einbeinige zum ersten Mal klingelte, stand er einfach nur da, sagte gar nichts, und ich griff sofort zum Portemonnaie. Einbeinige kannte ich aus meiner Kindheit, sie saßen vor den Kaufhäusern auf einer Decke, hatten einen Hut neben sich aufgestellt und warteten auf Spenden. Das waren Kriegsversehrte. Ich hatte nie einen Einbeinigen gesehen, der einer normalen Arbeit nachging.

Mein Einbeiniger strahlt eine natürliche Autorität aus, sein Anliegen ist klar, er treibt die Beinabgabe ein, die wir Zweibeinigen ihm schuldig sind, da habe ich überhaupt keinen Zweifel. Manchmal zeigt er sich gesprächiger, dann zieht er Fotos von seiner Familie aus dem verfleckten Jackett, man sieht ihn an einem Klavier sitzen und lachen. Ob er da noch zwei Beine hat, ist nicht zu erkennen. Ich habe ihn nie gefragt, wie er das Bein verloren hat. Sollte es im Krieg passiert sein, muss ich den wohl verpasst haben.

Einmal schenkte ich ihm ein Hemd, weil seins einen großen Riss hatte. Er zog es sofort an, und dabei fiel ihm ein Handy aus der Jackentasche. Das machte mich stutzig, auf einmal schien mir der Einbeinige nicht nur bedürftig, sondern auch zwielichtig, ja geradezu dämonisch. Ich stellte mir vor, wie der Einbeinige Patrouille durch unser Viertel geht und sich genau notiert, wer in Urlaub ist, oder wo was zu holen wäre. Vielleicht hat er in seinen Krücken eine Videokamera eingebaut. Dann ruft er sofort irgendwelche Kumpels an, und die räumen noch am selben Abend die Häuser leer.

Vor allem die Häuser von Leuten, die dem Einbeinigen kein Geld geben, sondern Obst aus dem Alten Land, wie die Kunstlehrerin, die sich natürlich nicht zu wundern braucht, wenn die Truppen des Einbeinigen ihre Stereoanlage und ihren Camcorder einkassieren. Seit ich das Handy sah, gebe ich reichlicher, aber auch freudiger.

Ich erspare mir bestimmt viel Ärger. Das Handy des Einbeinigen sah übrigens genauso aus wie Handys von Zweibeinigen. Das enttäuschte mich ein wenig, ich hätte gedacht, es gibt da so Spezialanfertigungen, etwa Handys mit Riesenantenne, die man als Gehhilfe nutzen kann.

Natürlich tauchen auch die zwei notorischen Damen auf, die mich fragen, ob sie mir etwas über »denjenigen« erzählen dürfen, »der für den Frieden in der ganzen Welt sorgt«, aber ich will nichts über den amerikanischen Präsidenten hören, schon gar nicht von zwei Zeugen Jehovas.

Nicht alle klingeln an der Tür, um mich von der Arbeit abzuhalten. Manche benutzen auch das Telefon. Mindestens einmal die Woche erhalte ich einen Anruf von Frau Askona oder ihren Kolleginnen »vom Blindenwerk«. Mit leidender Stimme fragt sie mich, ob ich wohl etwas zu tun hätte, »für unsere Blinden«. Es sei Sommer oder Ferienzeit, jedenfalls habe man »kaum Arbeit«, und auch »eine Kleinigkeit« würde schon helfen. Ein Besen-Set beispielsweise, da wären die Blinden eine Woche beschäftigt, oder ein Saunatuch. Ich hätte doch schon öfters geholfen ...

Das stimmt, ich habe schon mehrere Besen und drei verschiedene Saunatücher, das Stück für 25 Euro plus Versandgebühren. Ich weiß nicht mal, ob es dieses Blindenwerk überhaupt gibt, vielleicht kann man es gar nicht sehen, aber mich rührt die Vorstellung von Menschen, die gerne arbeiten wollen, aber nicht können. Ein Besen, eine Kehrschaufel und ein Handfeger würden das ganze Blindenwerk auf Trab halten.

Ich versuche mir vorzustellen, was da passiert. Meine Bestellung geht ein, sie wird vor der gesamten Belegschaft unter Hochrufen verlesen. »Ah, ein Besen-Set, da haben wir bestimmt eine Woche zu tun, ja, wenn nicht sogar sieben Tage.« Und dann laufen alle durcheinander, stoßen zusammen, tasten herum und versuchen die Materialien für den Besen in den endlosen Regalen zu finden. Den Stiel, die Borsten, die Kehrschaufel und erst den Handfeger. Und dann muss alles verpackt werden, und meine Anschrift soll auch noch zu lesen sein. Das kann schon mal eine Woche dauern. Und wie finden die das blaue Saunatuch, das ich bestellt habe? Fühlt sich das anders an als das rote? Jedes Mal, wenn die leidende Stimme von Frau Askona am anderen Ende der Leitung ertönt, sehe ich das Drama vor mir, und ich stelle mir auch vor, wie die ganze Belegschaft vom Blindenwerk um Frau Askona versammelt ist, denn sie hat das Telefon auf laut gestellt. Wenn ich jetzt Nein sage, dann kollabieren sie. Und was wäre schon so schlimm daran, wenn ich den zehnten Besen bestelle?

Manchmal bringe ich es fertig, sie auf Mitte nächsten Monats zu vertrösten. Die Blinden brechen zusammen, bis Mitte des nächsten Monats müssen sie sich von Besenborsten ernähren oder Kehrschaufeln. Ich hasse diese Anrufe, sie bringen meinen ganzen Tag durcheinander. An Schreiben ist jetzt nicht mehr zu denken, ich mache dann meistens sauber. Besen sind ja genug da.

Einsam ist es hier draußen wirklich nicht. Ich lerne viele erstaunliche Menschen kennen, die es alle nur auf meine Zeit und mein Geld abgesehen haben. Ich habe den Verdacht, sie arbeiten alle zusammen, möglicherweise koordiniert der Einbeinige die Einsätze. Was ist ihr Plan? Wollen sie die Menschheit davor bewahren, dass ich weiterschreibe?

Eines Tages, da bin ich mir ziemlich sicher, wird es klingeln und ein Besucher steht vor der Tür, den ich noch nie in unserem Viertel gesehen habe. Ein Mann, der auf den ersten Blick wie ein Vertreter für landwirtschaftliche Geräte aussieht. Ich sage noch: »Danke, aber ich brauche keine Sense«, da hat er mich auch schon beim Wickel, und ich bin tot.

WASCHZWANG

In Hotelbadezimmern begegnet man immer einem Schild, das einen zum verantwortungsvollen Umgang mit dem Handtuch auffordert. »Handtuch auf dem Boden heißt: Bitte auswechseln. Handtuch am Haken: Ich will es behalten.« Dazu informiert ein Text unter der Überschrift: »Wussten Sie, wie viele Millionen Tonnen Handtücher auf der ganzen Welt jeden Tag gewaschen werden?« An einen Handtuchhalter werden inzwischen größere Anforderungen gestellt als an einen Auto- oder Hundehalter. Jedem, der nur mal eine Nacht im Hotel verbracht hat, dürfte klar sein, dass vom Hotelhandtuch das Überleben der Menschheit abhängt.

Hotelhandtuchwäschereien sind anscheinend gesetzlich verpflichtet, nur umweltschädlichste Waschpulver und Weichspüler in grotesker Überdosierung zur Anwendung zu bringen. Eine skrupellose Hotelhandtuchmafia hat das Geschäft im Griff und schickt ihre Handtuchhandlanger in jede Hotelzimmernasszelle. Sehen sie dort ein Handtuch auf dem Boden liegen, sammeln sie es tückisch grinsend ein. Deshalb werden regelmäßig die Handtücher vor der Dusche und dem Waschbecken ausgetauscht, weil die natürlich immer auf dem Boden liegen, was einerseits ihre Natur, andererseits das Signal für die Handtuchmafia ist, die Dinger einzukassieren. Manchmal hat man ein

Handtuch auch nicht korrekt auf der Halterung platziert, ein Zipfel berührt den Boden, und schwupp ist es weg und die Umwelt bricht ächzend zusammen. Es ist mit Sicherheit ein Fehler, dass weder in Kyoto noch in Bali über Handtücher geredet wurde. Denn in erster Linie muss man den Ausstoß von Handtüchern vermeiden. Die Weltmeere werden von Algen erstickt, der Erdboden aber wird schon bald von Hotelhandtüchern bedeckt sein, die jeden Morgen eingesammelt und auf das umweltschädlichste gereinigt werden.

Ich bin in Hotels immer extrem vorsichtig mit Alkohol, denn ich habe Angst, im Badezimmer zusammenzubrechen, und am nächsten Tag wache ich dann umgeben von Hunderten von Handtüchern in einer riesigen Waschmaschinentrommel auf und werde gerade weichgespült. Alles, was im Badezimmer auf dem Boden liegt, wird gnadenlos eingesammelt und bei 110 Grad saubergekocht. Ein kleiner Tipp: Sollten Sie größere Bargeldmengen zweifelhafter Herkunft besitzen, lassen Sie die Bündel einfach in ihrem Hotelbadezimmer auf dem Boden liegen, dann wird das Geld automatisch gewaschen.

SPIELSUCHT

Als ich im Alter von acht Jahren zum ersten Mal einen Lottoschein in der Hand hielt, hatte ich keine Ahnung, was ein Jackpot ist, ich bezweifle auch, dass es damals schon einen gab. Der Lottoschein war eine Art Familienheiligtum. Die Zahlen wurden von Generation zu Generation weitergegeben. Sie waren umso wertvoller, wenn sie noch nie etwas gewonnen hatten, denn es war ja klar, dass sie dann irgendwann demnächst gewinnen mussten. Die 18 war immer dabei und die 19 auch. Meine Großmutter war 1896 geboren, und deshalb gehörte die 18 zu ihren Glückszahlen, ihre Kinder waren 1923 und 1929 geboren, und da haben wir schon die nächsten Zahlen. Die meisten Großeltern waren im 19. Jahrhundert geboren, und deshalb gab es auch nicht viel Geld, wenn mal die 18 in einer Gewinnreihe auftauchte. Die Großmutter spielte immer die gleichen Zahlen und konnte natürlich nie aussetzen, denn es wäre eine Katastrophe gewesen, wenn gerade in der Woche, wo sie Pause machte, die Zahlen gezogen worden wären. Und das wären sie bestimmt, denn Zahlen haben die Angewohnheit, immer im ungeeignetsten Moment aufzutauchen.

Meine Großmutter war eine sehr sehr stämmige Person mit Beinen wie Tempelsäulen und Oberarmen wie Plakatrollen, nun ja, da gibt es keinen passenden

Vergleich. Sie konnte mit bloßen Händen Telefonbücher zerreißen, allerdings waren die Telefonbücher auch noch nicht so umfangreich wie heute. Wir hatten zu jener Zeit, als ich in der Lottobranche tätig war, auch gar keinen Telefonanschluss. Jeden Freitagnachmittag gegen 17 Uhr musste ich im Zimmer meiner Großmutter erscheinen, bekam einen Lottoschein überreicht, dazu fünf Mark und eine Dreierpackung Mars. Mars machte damals noch nicht mobil bei Arbeit, Sport und Spiel, aber es enthielt bereits Candycreme, und die erhöht bekanntlich die Ausdauer. Mit großer Ausdauer quälte ich meine Großmutter, die nicht mehr so gut zu Fuß war. Ganz locker hätte ich um 17 Uhr 15 in der Lottoannahmestelle sein können, aber ich machte mich erst mal über die drei Marsriegel her, während meine Großmutter alle fünf Minuten mit immer schrillerer Stimme Zeitdurchsagen machte: »Haaans, es ist zehn nach sechs.« An guten Tagen hielt ich bis 18 Uhr 25 durch. Kein Wunder, ich hatte eine Überdosis Candycreme in mir. Dann aber musste ich rennen und stürzte um 18 Uhr 29 gerade noch rechtzeitig in die Annahmestelle. Dort wurde der Schein registriert, ich bekam eine Kopie und 1,25 DM Wechselgeld, das ich behalten durfte. Drei Riegel Mars und 1,25 Mark pro Woche und trotzdem quälte ich meine Großmutter. Ich war kein besonders sympathisches Kind.

Etwa zehn Jahre später gab ich gemeinsam mit vier Freunden eine Zeitung namens »Dreck-Magazin« heraus. Ein Presseprodukt, das sich sowohl der Punk- als auch der Dada- und Satirebewegung verpflichtet fühlte. Wir versuchten, jede Ausgabe zu einem Unikat zu machen. In eine Nummer klebten wir Dokumente, die bei der Entstehung des Heftes eine Rolle gespielt hatten. Meistens waren es Bierdeckel und Kassenbons für Currywurstpommesmayo. Es konnten aber auch Haare sein, Hanuta-Tiersammelbildchen oder Kinoeintrittskarten. Bei einer Auflage von 1500 Exemplaren hatten wir viel zu kleben. Die darauffolgende Ausgabe sollte unsere Leser reich machen, und deshalb klebten wir in jedes Heft einen ausgefüllten Lottoschein mit todsicheren Zahlen. Die Leser mussten nur noch ihre Adresse einsetzen und den Schein abgeben. Größere Gewinne sollten sie mit uns teilen, aus Anstand und Dankbarkeit. Wir hatten tatsächlich ein Vorläufermodell der Faber-Tippgemeinschaft erfunden. Als die Klebetortur beendet war, griff ich mir wahllos irgendein Heft vom Stapel und gab am nächsten Tag den darin liegenden Lottoschein ab. Ergebnis: vier Richtige = 126,50 DM. Mehr habe ich nie wieder gewonnen. Meine Ausdauer beim Kleben war reich belohnt worden. Die Candycreme aus etwa 522 Marsriegeln wirkte anscheinend noch immer mächtig in mir.

SPRACHSTÖRUNGEN

Ganz ehrlich glaube ich nicht, dass uns die Privatisierung viel gebracht hat. Vor allem die Privatisierung der Telekommunikation. Ich weiß, dass es mit der Post damals nicht so einfach war, man musste monatelang auf seinen Anschluss warten, bis irgendein grauer unfreundlicher Mann mit Magenproblemen einem »die Dose setzte«, und noch zwei Jahre später erhielt man das Telefon, das drei Monate später tatsächlich freigeschaltet wurde. Man telefonierte nur nach 18 Uhr oder sonntags, weil ein Gespräch am hellichten Wochentage ein Vermögen gekostet hätte. Eigentlich telefonierte man gar nicht, man hatte den Apparat nur für Notfälle herumstehen. Kundenorientierung, Servicegesellschaft, diese Worte kannte man bei der Post nicht, wozu auch, es existierte ja keine Konkurrenz. Schön war das nicht, aber es hatte einen Vorteil: Es gab nur einen Tarif. Den bezahlte man klaglos, wünschte sich vielleicht, dass es billiger werden möge und wartete, bis es 18 Uhr war. Irgendwann führte die Post das Micky-Maus-Telefon ein, dann fiel die Mauer, und plötzlich konnte man zwischen 555 verschiedenen Anbietern mit 4872 verschiedenen Tarifen wählen. Dazu kam bald der Handyterror und der Internetflatratewahnsinn. Heute lockt einen jeder Metzger mit 20 Rostbratwürstchen inklusive 100 Freiminuten im E-Plus-Netz und einer Salami mit USB-Schnittstelle. Das ist nicht die Welt, für die ich mal gekämpft habe. Um ehrlich zu sein, habe ich nur sehr wenig, erschreckend wenig gekämpft. Wozu auch, die Welt schien ja eigentlich perfekt, damals, als das Wort Telekom noch unbekannt war.

Ich habe nicht viele Vorsätze, aber eins weiß ich: Ich will in meinem Leben nicht über Telefone, Briefe, Pakete, Päckchen und Kabelanschlüsse nachdenken müssen. Eigentlich auch nicht über Autos, aber da lasse ich mit mir reden.

Wertvollste Lebenszeit verschwendet man mit dem Vergleichen von Tarifen und Modellen und den Telefonanrufen der Telekom, die einem unbedingt ihre neuen Angebote vorstellen will. Könnte man diesen Sektor nicht einfach wieder verstaatlichen und die Post in ihre alten Rechte einsetzen? Dann könnte ich endlich mal in Ruhe »Auf der Suche nach der verlorenen Zeit« lesen.

PARASITENBEFALL

Vor einer Woche herrschte Panik in unserer Familie. Die Tochter hatte sich mehrfach am Kopf gekratzt und war überzeugt, das müsste an den Läusen liegen. Diese Szene spielt sich seit über einem Jahrzehnt mindestens einmal jährlich ab. Es juckt, sie kratzt sich, und dann beginnt die wissenschaftliche Arbeit. Akribisch untersucht meine Frau Haar und Kopfhaut der Tochter, findet gerötete Stellen und auch »so weiße Dinger«. Dann werde ich konsultiert, schaue mir das Ganze an, puste einmal drüber oder entferne die weißen Punkte mit dem Finger und sage: »Das sind Schuppen.« – »Meinst du nicht, dass das Nissen sind?« – »Wenn man sie einfach so wegmachen kann, sind es Schuppen, Nissen kleben am Haar fest.« Ich bringe diese Erklärung mit großer Autorität vor, damit keine Läusehysterie ausbricht. Selbst mich juckt es nämlich schon mehr als gewöhnlich. Und plötzlich fällt der Mutter auf, sie habe sich in letzter Zeit auch so oft kratzen müssen. Im Laufe des Tages juckt es immer stärker, man hat das Gefühl, den Weg der Laus auf dem Kopf verfolgen zu können. Vielleicht will sie uns etwas mitteilen?

Die Tochter lässt derweil keineswegs locker. So habe es noch nie gejuckt, das müssten einfach Läuse sein. Auch diese Behauptung gehört zu unserem zehnjährigen Standardrepertoire. Ich muss jetzt die Bedenken des Kindes ernst nehmen, darf auf keinen Fall einen Satz wie »Immer das Gleiche, da ist sowieso nichts« äußern. Also frage ich, ob jemand aus ihrem Freundeskreis Läuse hätte, wo sie sich in letzter Zeit aufgehalten habe, und sie sagt: »Russland.« Und da gerate ich unwillkürlich ins Grübeln und sage tatsächlich: »Hmmh, Russland, tja, da sieht die Sache natürlich anders aus.« Sie war nämlich eine Woche im Rahmen eines Schüleraustausches in Lomonossow, einer riesigen Plattenbautenansammlung in der Nähe von St. Petersburg. Sie musste die Nacht in einem unbequemen Fernsehsessel zubringen, während die russische Austauschkandidatin in einem riesigen Bett alleine nächtigte. Das war nicht das, was man sich gemeinhin unter russischer Gastfreundschaft vorstellt. Aber vielleicht gilt der Fernsehsessel in Russland als edelste Übernachtungsmöglichkeit, die man nur ausgesuchten Gästen anbietet. Kaum ist der Besucher weg, bricht in der Familie wieder ein blutiger Kampf um den Fernsehsesselschlafplatz aus. Jedenfalls bekam die Laustheorie dadurch neue Nahrung. Dann behauptete die Tochter:

»Da war so ein Viech beim Duschen.«

»Und wo ist das jetzt?«

»Ich hab's an die Wand geklebt.«

Und genauso war es. Auf den weißen Fliesen zeichnete sich deutlich ein kleiner dunkler Punkt ab. Ich setzte ihn auf ein weißes Papier und betrachtete den Punkt durch eine Lupe, die ich meinem Sohn zur Erleichterung des Briefmarkensammelns geschenkt hatte. Tatsächlich hatten wir uns meistens Insekten damit angeschaut, manchmal auch die Gebrauchsanweisungen von elektronischen Produkten aus Asien. Die Briefmarken lagen in einem Schuhkarton wild durcheinander und harrten vergeblich ihrer Einordnung in mehrere aufnahmebereite Alben. Bestimmt gab es da auch eine Serie »Läuse der UdSSR«, Untertitel »Blutsauger des Volkes«.

Inzwischen hat der Sohn das Haus verlassen, und briefmarkensammelnde Mädchen gibt es nicht. Doch was sah ich durch die Lupe des Sohnes? Ich sah ein Wesen, das sich bewegte, anscheinend also am Leben war und das den Läuseabbildungen aus dem Internet, die ich mir vorsorglich ausgedruckt hatte, sehr, sehr, um nicht zu sagen erschreckend ähnlich sah. Die Tochter blickte ebenfalls durch die Lupe, prüfte die Abbildungen und erklärte fast erleichtert: »Läuse, sag ich doch die ganze Zeit.«

Als Wissenschaftler gab ich mich natürlich nicht mit einer Laus zufrieden, wer weiß, wo die hergekommen war, sondern kämmte das lange Tochterhaar über dem Waschbecken gründlich aus. Ergebnis: sieben weitere Läuse, alle quicklebendig und verblüffend groß. Sofort wurde ein Läusebekämpfungsmittel gekauft und das Haus anschließend versiegelt. Die Waschmaschine stand drei Tage nicht mehr still, jedes Möbelstück wurde misstrauisch als möglicher Lausüberträger inspiziert und musste gegebenenfalls die Nacht auf dem kalten Balkon verbringen. Nach der Haarwäsche kamen noch einmal fünf tote Blutsauger in verschiedenen Entwicklungsstadien zum Vorschein. Wir sammelten alle, die toten und die lebendigen, in einem Schraubglas, in dem sich vorher Meerrettichaufstrich befunden hatte. Nun waren acht lebende und fünf tote Läuse drin. Wir kämmten und wir hielten das Vergrößerungsglas über jeden Fussel. Aber es kamen keine weiteren Läuse zum Vorschein und keine einzige Nisse. Läuseerfahrene Nachbarn wiegten bedenklich die Köpfe. So etwas sei unmöglich, bei so viel Läusen müssten auch Eier, also Nissen sein. Wir kämmten wie besessen, ich wachte mitten in der Nacht mit juckender Kopfhaut auf und begann sofort mit einer Selbstuntersuchung. Doch ich fand nichts. Also hörte ich auf, meinen Kopf mit Head & Shoulders zu malträtieren und stieg auf Bübchen-Kindershampoo um, das nicht in den Augen brennt und beim Kämmen nicht ziept, was aber nicht mehr mein Problem ist. Seitdem habe ich mehr Schuppen, aber keine Läuse.

Die Tochter schürte jedoch noch eine Weile die Läusehysterie in der Schule, bis schließlich vier manisch kratzende Zehntklässler im Sekretariat vorstellig wurden und kurz vor Beginn der Hausaufgabenüberprüfung in Physik überzeugend darlegen konnten, von Läusen befallen zu sein. Sofort wurde eine Mutter herbeigerufen, die die verlauste Bande zum Arzt fahren musste, und der fand dann auch tatsächlich: nichts.

Die Läuse auf dem Kopf der Tochter, die hat es gegeben. Ich habe sie immer noch unter Verschluss. Aber warum entdeckten wir keine Eier?

»Die waren alle schwul«, sagte meine Tochter.

Wahrscheinlich hat sie recht. Russlandreisende, die in Fernsehsesseln übernachten, müssen also damit rechnen, von homosexuellen Läusen befallen zu werden. Das sind die interessanten Folgen der Völkerverständigung.

PLATZANGST

Unlängst enthielt meine Tageszeitung eine Beilage namens »Wohnkultur«, und der Leitartikel war überschrieben mit den Worten »Schlafzimmer und Bad wachsen zusammen«. Lange hat mich keine Überschrift mehr so schockiert. Was kann man denn da bloß machen? Das ist doch total unheimlich. Wann passiert dieses Zusammenwachsen überhaupt? Muss man sich das so wie DDR und BRD vorstellen, wo ja angeblich zusammenwuchs, was zusammengehörte? Sollte es so sein, dann ist das Bad die DDR, denn das Bad ist der Ort der Überwachung. Man überwacht sich dort ständig selbst, den Bart-, Haupt- und Nasenhaarwuchs, die Hautunreinheiten, das Gewicht, das Aussehen allgemein. Aber schweifen wir nicht ab, es geht um das Zusammenwachsen von Bad und Schlafzimmer, und zwar zu einem Gebilde, das sich »Wohnbad« nennt. Wenn ich den Autoren von »Wohnkultur« glauben darf, dann werden wir in Zukunft im Waschbecken übernachten und unsere Notdurft im Bett verrichten. Das ist es wohl, was man unter dem Schlaf der Vernunft versteht.

Alles in einem Raum: Bidet, Nachttisch, Badewanne, Bett, Kleiderschrank, Alibert, Rasierspiegel. Wir werden eines Tages unsere Gäste im Wohnurinal empfangen und leckere Speisen im Wok-Bidet kochen, und wenn wir aus dem Bett fallen, ertrinken wir, weil wir das Wasser im Wohnbad nicht abgelassen haben.

In der »Wohnkultur-Beilage« heißt es dazu: »Der Mensch des 21. Jahrhunderts arbeitet nicht nur an seinem Körper, er möchte außerdem eine aktive Regeneration von Seele und Geist.« Und das regelt er anscheinend im Wohnbad. Ich stamme aus einem anderen Jahrhundert, wo Schlafzimmer und Bad noch durch dicke Mauern getrennt waren und sich das Klo häufig auf halber Treppe befand. Das hatte seinen Sinn, denn der Mensch kann nicht gleichzeitig baden und schlafen. Das kann nur die Ente. Seele und Geist regenerierte man in meiner Kindheit in der Küche, aber viele Menschen waren damals so arm, dass sie nicht mal eine Seele hatten.

Der Artikel schließt mit einem erschreckenden Ausblick in die Zukunft: »Die Bedeutung des Wohnbades wird weiter wachsen. Bald soll es zum individuellen Präventionszentrum werden, denn für unsere Gesundheit werden wir zunehmend selbst verantwortlich sein. Inhalation und Lehmpackungen werden dann in den eigenen vier Wänden verabreicht.« Das Badezimmer oder Wohnbad wird also zur Arztpraxis. Röntgenschirm, Darmspiegel und EKG gehören zur Grundausstattung. Ehepaare operieren einander und spenden sich bei Bedarf ihre Organe. Und wenn alles schief geht, wird man in der Badewanne einbalsamiert und in der Wohnbadpyramide beigesetzt.

MASSENASSELPLAGE

In den Tiefen des Polarmeeres hat ein Forscherteam vom Zoologischen Institut der Universität Hamburg mehr als 700 bislang unbekannte Lebewesen entdeckt. Darunter waren 585 verschiedene Asselarten. Man fragt sich natürlich, ob wir nicht eigentlich schon genug Asseln haben und ob es wirklich nötig ist, dass ein hochbezahltes Wissenschaftlerteam sich damit beschäftigt, 585 neue Asselarten zu entdecken. Zugegeben, man kennt eigentlich nur die Kellerassel, dabei gab es immer schon die Mauerassel, die Ameisenassel, die Strandassel, die Riesenassel und die Rollassel, die man laut Grzimeks Tierleben leicht mit den Saftkuglern verwechseln kann. Bestimmt ein beliebter Scherz unter Asseltologen, oder wie immer man Asselexperten nennt. Ob es einen Unterschied macht, wenn man nach einem verfehlten Leben als Saftkugler oder als Rollassel wiedergeboren wird, weiß ich nicht genau, aber George W. Bush und Helmut Kohl werden es erfahren.

Die Forscher haben aber noch ganz andere bislang völlig unbekannte Lebewesen entdeckt. Beispielsweise einen Immobilienmakler, der seine Kunden völlig fair und korrekt berät, allerdings war die Kreatur außerhalb des Meeres nicht überlebensfähig und verendete qualvoll. Eine Gruppe farbenprächtiger FDP-Mitglieder wurde ebenfalls gesichtet, die Tiere waren jedoch sehr scheu und konnten nicht fotografiert werden. Es handelt sich aber wohl um rückgratlose Flohwesen, die sich von Fischkadavern ernähren. Der Name »Liberalasseln« ist nur eine Art Arbeitstitel und wissenschaftlich nicht ganz korrekt.

Völlig verblüfft waren die Forscher, als sie auf einen komplett ungedopten Radrennfahrer stießen, der in den Tiefen des Polarmeeres unverdrossen seine Runden drehte. Da kein Weibchen nachgewiesen werden konnte, wird sich dieses ungewöhnliche Exemplar wohl auch nicht mehr fortpflanzen, es sei denn durch Zellteilung oder Kettenschaltung. Auch hier muss man

In modernen Büros versucht man der Massenasselplage mit modernsten Mitteln beizukommen. Der Beruf des Asselassistenten wird immer wichtiger, birgt aber ein hohes Gesundheitsrisiko.

natürlich davon ausgehen, dass außerhalb der Tief-
see keine Überlebenschance bestanden hätte. Außerdem wurde auch noch ein Norweger gefunden, der
weder Biathlet noch Schriftsteller noch Jazzmusiker
ist. Ein bizarres Wesen, eine verrückte Laune der Natur!

TODESSEHNSUCHT

Als ich vor einigen Jahren die *FAZ* aufschlug, fiel mein Blick auf eine kleine Meldung, die mit den Worten »Zippert tot« überschrieben war. Ich fühlte einen leichten Stich, eigentlich glaubte ich nicht wirklich daran, aber nach einigem Nachdenken schien mir, dass es doch nicht ganz ausgeschlossen werden konnte. Ich hatte mich in den letzten Wochen nicht hundertprozentig wohlgefühlt, die Sache mit den Zähnen, die häufigen Rückenschmerzen, verbunden mit der ständigen Angst, dass mir nichts mehr einfallen könnte, das alles hatte dann wohl zu meinem Tod geführt. Vielleicht ein bisschen früh, ich hatte noch so viel vorgehabt. Beispielsweise den Boden im Zimmer meiner Tochter abschleifen, die Einfahrt fegen, mir die erste Platte der Sunbirds zulegen und mal wieder Klavier üben. Das alles bleibt jetzt unerledigt, weil ich ja tot bin. Mich wunderte nur, dass in meiner Familie noch keiner etwas davon mitbekommen hatte. Meine Tochter bemerkte nur mal, in meinem Arbeitszimmer würde es so komisch riechen, aber ich dachte, das nimmt sie nur so intensiv wahr, weil sie immer drei Parfüms übereinanderlegt und gar nicht mehr weiß, welchen Geruch ein normaler Mensch hat. Wahrscheinlich handelte es sich aber doch schon um Verwesungsgeruch.

Ein Redakteur rief mich an und fragte, ob ich nicht eine Glosse zum Thema Gesundheitswahn schreiben könnte, und ich sagte sofort zu, ohne zu bedenken, dass ich ja tot war. Der Redakteur hatte anscheinend auch nichts gemerkt, obwohl es ja in der Zeitung stand. Zur Sicherheit gab ich bei Google die Worte »Zippert tot« ein und erhielt 147.000 Treffer. Das klang eindeutig, ich war tot. Das schien aber niemand zu kümmern. Ich schlug noch mal die Zeitung auf, und da stand immer noch »Zippert tot«. Direkt darüber war eine Werbebroschüre eingelegt, auf der das »Import-Lager-Main-Taunus« erklärte:

»Wie bekannt: Der Hauptgesellschafter im Einkaufsverbund ist am 30. Mai d. J. verstorben, und jetzt droht ein erbitterter Streit um den Nachlass. Sogar ein Arrestverfahren wurde angekündigt. Es steht also eine gerichtlich verfügte Zerschlagung aller TOP-Sortimente ins Haus. Diese Notfall-Maßnahme führt zu echten Kampfpreisen, die in der Region vermutlich noch nie registriert werden konnten.«

Tod also, wohin ich blickte. Vielleicht drohte mir ja auch diese Top-Zerschlagung meines gesamten Sortiments. Ich drehte die Broschüre um, und dann sah ich die erste Zeile der Überschrift, die bisher verdeckt gewesen war, und da stand: »Ehemaliger Bischof«, die vollständige Überschrift lautete also: »Ehemaliger Bischof Zippert tot«. Ich dachte länger nach, konnte mich aber nicht daran erinnern, jemals als Bischof tätig gewesen zu sein. Sicher, ich hatte in jungen Jahren viel, manchmal sehr viel Alkohol getrunken und oft am nächsten Morgen nicht gewusst, was am

Abend zuvor geschehen war. Aber konnte man einfach so nachts in der Gaststätte Hammermühle in Bielefeld von irgendeinem Unbekannten zum Bischof ernannt werden? Hatte ich den Titel möglicherweise gekauft? Ich entschloss mich, die gesamte Meldung zu lesen, und da klärte sich natürlich alles auf das Allerprotestantischste auf: Es ging um Christian Zippert, den ehemaligen evangelischen Bischof von Kurhessen-Waldeck, ein siebzigjähriger Mann mit großen Verdiensten – aber eben auch ein toter Mann. Bischof Zippert war immer mein großer Widersacher bei Google gewesen. Er brachte es auf über 12.000 Treffer und verfälschte meine Trefferquote, wenn ich nur »Zippert« eingab. Ich will aber wirklich nicht sagen, dass ich ihm deshalb den Tod gewünscht hätte. Trotzdem bin ich erleichtert, dass es ihn erwischt hat, weil ich dann ja wohl noch am Leben sein muss – obwohl die Eingabe »Zippert lebt« keinen Treffer anzeigt.

EXHIBITIONISMUS

Hin und wieder passiert es, dass ich in einem Hotel Quartier beziehe und ein Zimmer in einer Art Nebengebäude zugewiesen bekomme. Aus dem Prospekt erfahre ich, dass natürlich alle Einrichtungen des Haupthauses auch dem Nebengebäudebewohner zur Verfügung stehen, und er erreicht sie »bequem und zwanglos über den Bademantelgang«. Als ich dieses Wort zum ersten Mal las, wurde mir ganz beklommen zumute. Trotzdem ließ ich mich von meiner sittlich nicht ganz gefestigten Partnerin überreden, den Gang als Abkürzung zum Speisesaal zu benutzen, wo sie schon auf mich wartete. Damit begannen die Probleme, denn was zieht man an, in einem Bademantelgang? Natürlich einen Bademantel! Ich hatte aber vor, mein Abendessen in einem dunklen Anzug einzunehmen und nicht in einem unvorteilhaft geschnittenen weißen Frotteegewand mit der Aufschrift »Schloßhotel – Saunawelt«. Ich betrat also im Anzug den Bademantelgang, einen nach abgestandenen Saunaaufgussmitteln riechenden, spärlich beleuchteten Korridor. Ein älteres Ehepaar kam mir entgegen, in Bademantel und Badelatschen und beide rotgesichtig nach zehn Saunagängen. Sie grüßten freundlich und selbstbewusst, während ich vor Scham im Bademantelgangboden versinken wollte. Ich weiß bis heute nicht, ob ich over- oder underdressed war. Ich habe allerdings grundsätzlich ein gestörtes Verhältnis zum Bademantel. Als Kind trug ich ihn nur, wenn ich krank war. Ich weiß, dass er eigentlich ein praktisches und in den entlegensten Wellnessbereichen der Welt vorkommendes Kleidungsstück ist, doch es gibt kaum einen Menschen, der ihn mit Würde tragen kann. Ich habe jedenfalls sofort das Gefühl, als habe sich das Frotteeungetüm meines Körpers bemächtigt, als sei ich ein Gefangener des Bademantels. In einem österreichischen Hotel mit entsprechendem Gang durften die Gäste sogar das Mittagessen im Bademantel einnehmen, was 85 Prozent auch ohne Hemmungen taten. Ein Anblick wie in der Reha-Klinik. Warum konnten die nicht im Bademantelgang zu Mittag essen? Die Menschheit besteht anscheinend aus zwei vollkommen unterschiedlichen Gruppen, und deshalb sollte ein wirklich gutes Hotel immer zwei Gänge haben, einen für Gäste im Bademantel und einen für korrekt gekleidete Menschen.

POSTTRAUMATISCHE BESCHWERDEN

Ich bin ein großer Befürworter des Mindestlohns für Briefzusteller. Natürlich bin ich auch gegen eine Aufhebung des Briefmonopols, von mir aus können die anderen Wettbewerber alle klein beigeben, vor allem, wenn sie ihren Leuten nur fünf Euro in der Stunde zahlen. Ich möchte niemals in die Situation kommen müssen, bei jedem Brief neu zu überlegen, mit welcher Firma er wohl am günstigsten und am schnellsten verschickt werden könnte.

Ich muss auch so schon genug Entscheidungen treffen. Es reicht, wenn es eine Post gibt, und es reicht, wenn ich weiß, die ist meistens voll, nicht alle Schalter sind besetzt und um 18.30 Uhr wird unerbittlich zugemacht. Die letzte Leerung in meiner Stadt erfolgt um 18.45 Uhr, allerdings wird nur der Briefkasten vor der Tür der dann schon seit einer Viertelstunde geschlossenen Hauptpost geleert. Der Briefkastenleerer wartet unruhig mit laufendem Motor davor. Ich verdanke der Post viel. Vor allem natürlich viel Post. Herrliche Briefe, Ansichtskarten, Pakete und Päckchen hat sie mir an die Haustür gebracht.

Aber ich durfte auch für die Post arbeiten, drei Jahre lang im ZBA, im Zentralen Briefabgang in Bielefeld. Ich war mit der Grob- und Feinsortierung von Briefsendungen befasst und musste die Briefkästen am Hauptbahnhof und im Hotel Kaiserhof entleeren. Das

Hotel hatte einen Briefkasten in der Eingangshalle, und einmal in der Woche lag sogar ein Brief drin.

Bethel gehörte damals zum Bereich Bielefeld 13. Dort lebten viele psychisch Kranke, und täglich erreichten uns wirre Postkarten ohne Empfängerangabe, die aber manchmal interessante Botschaften enthielten. An eine erinnere ich mich besonders. Jemand hatte, anscheinend ermattet von sinnlosen Therapien, dieses großartige Gedicht verfasst:

>»Ich hasse Sigmund Freud,
>das alte Sackgesicht,
>und male deshalb nicht.«

Bevor ich zur Post kam, konnte ich keine Flasche Bier austrinken, das war mir einfach zu anstrengend. Als ich dort aufhörte, konnte ich mehrere Flaschen hintereinander leeren, und eine halbe Flasche braunen Steinhäger dazu. Ich war in der Lage, leckere Mettbrötchen mittels eines urtümlichen Tischgrills zu Hamburgern zu veredeln, ich beherrschte Skat, Doppelkopf und Schafskopf und mehrere Würfelspiele, an deren Namen ich mich nicht mehr erinnere. Immer, wenn man zwei Sechsen gewürfelt hatte, brüllte man jedenfalls: »Die Sonne!« Alkohol und Spiele gab es immer während der Nachtschicht, die alle fünf Tage für mich auf dem Dienstplan stand.

Morgens um 6 Uhr war die Schicht beendet, und seitdem weiß ich, dass es um diese Zeit auf den Stra-

ßen am gefährlichsten ist, weil dann viele sturzbe-
trunkene Nachtschichtler unterwegs sind. Der Ge-
tränkeautomat im Keller wurde liebevoll und sehr
sorgfältig bestückt. Es gab drei Sorten Pils, ein Ex-
port-, ein Alt- und – wenn die Jahreszeit es erlaubte – auch Bockbier. Das Gerät hatte neun Tasten, die
senkrecht angeordnet waren. Die oberen sechs waren
mit besagten Alkoholika belegt, dann kam Malzbier,
dann Cola, und für die absoluten Schwachmaten
Wasser. Fast allen Mitarbeitern hatte man irgendwann für eine gewisse Zeit den Führerschein abge-
nommen, aber die sahen das sportlich und ließen
sich von mir oder ihren geplagten Ehefrauen chauf-
fieren.

Ich liebte die Arbeit. Im Grunde genommen verstand ich gar nicht, dass man dafür auch noch Geld
bekam. Es gab Nacht-, Kleidungs- und Staubzulagen,
und Anfang des Monats wurde einem eine richtige
Lohntüte ausgehändigt. Ich erkundigte mich nach einer
Festanstellung, und eine Woche später überreichte
mir der Personalratschef den vollständigen Plan für
mein weiteres Leben. Ich würde gleich im höheren
Dienst anfangen und wäre nach vierzig Dienstjah-
ren als Oberpostdirektor einer fetten Rente entgegen-
getaumelt. Diese Aussicht begeisterte mich, und ich
vereinbarte gleich einen Termin zur Vertragsunter-
zeichnung. Meine damalige Freundin schaute mich nur
entgeistert an und sagte: »Willst du wirklich Alkoholiker werden?«

Ich dachte noch einmal nach und sagte den Termin wieder ab. Heute herrschen natürlich ganz andere Arbeitsverhältnisse bei der Post. Was früher vier Briefträger schafften, muss heute einer erledigen, und er hat dabei keine Zeit mehr zum Schwätzen oder Grüne-Witwen-Trösten. Nachtschichten wurden längst wegrationalisiert, das wird alles am Tag besorgt und getrunken wird auch nicht mehr auf der Arbeit, das müssen die Postarbeiter jetzt zu Hause erledigen. Kein schöner Anblick für ihre Familien.

MORDLUST

Sobald ich ein Hotelzimmer oder ein mir fremdes Schlafzimmer oder sogar mein eigenes Schlafzimmer betrete, suche ich die Wände sorgfältig auf eventuell dort lauernde Mücken ab, und wenn ich welche finde, dann, ich gebe es ungern zu, dann töte ich sie. Insofern teile ich selbstverständlich die Vorstellungen des deutschen Innenministers, der härtere Maßnahmen gegen Terrorverdächtige fordert und die gezielte Tötung von Terroristen legalisieren möchte.

Ich kann schließlich nicht darauf warten, bis sich zeigt, ob es sich bei den Mücken nur um Männchen handelt, die gar nicht stechen können oder wollen oder sogar um eigentlich harmlose Insekten, die aus Überlebensgründen die Gestalt von Mücken angenommen haben. Wenn ich keine schlaflose Nacht erleben will, dann muss ich zur gezielten Tötung schreiten, da führt kein Weg dran vorbei, und dann kann es auch Unschuldige treffen. Meine Schlafsicherheit hat Vorrang.

Ich gehe natürlich nicht so weit, den Mücken auch das Handy und den Internetanschluss wegzunehmen, den können sie meinetwegen behalten. Andererseits ist es natürlich auch kein Vernügen, sein Schlafzimmer mit dauertelefonierenden Insekten zu teilen. Nachher rufen die befreundete Kerbtiere an, die noch bes-

In der Schädlingsbekämpfung arbeitet man heute hauptsächlich mit akustischer und visueller Schockerzeugung. Die Nebenwirkungen sind erheblich.

ser stechen können und blutgieriger als sie selber sind. Insofern pflichte ich eigentlich auch den diesbezüglichen Plänen des Ministers bei.

Die Insektenwelt ist leider voller Terroristen. Mehlmotten legen in meinen Lebensmittelvorräten ihre Eier ab, Fliegen stören meine Mittagsruhe, Ameisen bauen Straßen in meinem Wohnzimmer, Wespen bedrohen meinen Pflaumenkuchen und mein Schinkenbrot, und Zecken wollen mich mit tödlichen Krankheiten infizieren, um mich dann in aller Ruhe komplett aussaugen zu können. Natürlich hilft da nur die gezielte Tötung, wobei man oft genug daneben haut. Ich bin allerdings auch kein ausgebildeter Scharfschütze, von denen der Minister glücklicherweise Hunderte sein eigen nennt.

Von Internierungslagern halte ich überhaupt nichts. Ich habe keine Lust, Wespen und Fliegen auf eigene Kosten durchzufüttern, bis ich sie vielleicht irgendwann aufs Nachbargrundstück abschieben darf.

KUSCHELPÄDAGOGIK

Ich kann mich nicht mehr daran erinnern, was passierte, als ich sechzehn Jahre alt wurde. Es ist wohl einfach so passiert. Ich war einfach nicht mehr fünfzehn und noch nicht siebzehn. Ich habe auch keine Ahnung, was man damals mit sechzehn durfte. Wahrscheinlich Kokain nehmen und drei Frank-Zappa-Platten hintereinander hören und abtreiben. Es waren andere Zeiten damals, an die ich mich, wie gesagt, nicht mehr erinnere.

Ganz genau erinnere ich mich dagegen, wie es war, als meine Tochter sechzehn wurde. Es ist ja auch erst ein paar Tage her. Forscher haben übrigens herausgefunden, dass Alzheimer-Patienten sich in modernen Krankenhäusern schlecht orientieren können. Die Aufteilung in farblich abgesetzte Sektoren bringt ihnen nichts, sie kommen am besten in Altbauten mit langen, dunklen Gängen klar. Ich kann mich ebenfalls sehr schlecht in modernen Krankenhäusern orientieren, vielleicht habe ich auch Alzheimer, aber eigentlich finden sich fast alle Menschen in modernen Krankenhäusern nicht zurecht. Die meisten Patienten sind in Wirklichkeit Besucher, die sich verirrt und irgendwann vor Müdigkeit in ein Bett gelegt haben, wo sie dann am nächsten Tag von einem Borderline-Patienten, der sich für einen Arzt hielt, am offenen Herzen operiert wurden.

Es ist übrigens auch ein merkwürdiges Phänomen, dass man nirgendwo so viele Raucher sieht wie im Eingangsbereich von Krankenhäusern. Bevor man so einen Krankenhaus-Irrgarten betritt, muss man erst durch ein Spalier von Rauchern, die häufig auch noch Gipsbeine und -arme, Kopfverbände oder Infusionsbehältergestelle bei sich haben, sodass man spontan denkt: »Raucher allein reicht wohl nicht.« Wäre ich Krankenhausbetreiber, würde ich das Rauchen im Eingangsbereich verbieten, ich würde spezielle Raucherkammern schaffen, in abgelegenen Trakten, in die sich kaum ein Mensch verirrt, aber wenn man es recht bedenkt, besteht so ein modernes Krankenhaus ja nur aus abgelegenen Trakten, in denen wir Alzheimerkranken uns nicht zurechtfinden.

Im Gegensatz zu meinem Wohnzimmer, das sehr übersichtlich gestaltet ist. Sie werden sich wundern, dass ich aus der Krankenhausthematik wieder herausgekommen bin, aber ich habe nur so getan, als ob ich Alzheimer hätte, um die Spannung für den Leser zu erhöhen. In erwähntem Wohnzimmer wurde jedenfalls der sechzehnte Geburtstag der Tochter gefeiert, obwohl ich dachte, dass dafür die weitaus verschwiegenere und abgelegenere Garage besser geeignet gewesen wäre. Wir hatten diese Garage Monate vorher extra mit lila Teppichboden ausgelegt und die Wände irre angestrichen, damit die Kinder sie als Partykeller annehmen sollten, aber das war misslungen. Es sind aufgeklärte Kinder, und sie erkennen eine Garage, wenn sie eine sehen. Die Garage sei nur zum chillen, wurde mir erklärt, das Wohnzimmer müsse komplett ausgeräumt werden, denn da würden die Bands spielen, das sei eben keine von unseren Seniorenpartys.

Das Wohnzimmer misst höchstens 40 Quadratmeter. Sofa, Sessel, Fernseher wurden im Haus verteilt, das Klavier vor die Bücherwand geschoben, und dann kamen auch schon die Bands. Es waren tatsächlich zwei. Eine Ska-Combo namens »Brothorst« und eine Schweinerocktruppe, deren Namen ich vergessen habe. Beide Ensembles bauten alle ihre Instrumente und ihre Anlagen in unserem Wohnzimmer auf und probten den ganzen Nachmittag gleichzeitig. Die Ska-Combo klang gut, die Schweinerockgruppe klang gruselig, was durch den grundlosen Enthusiasmus des völlig unfähigen Sängers noch verschlimmert wurde.

Irgendwann befahl ich meiner Tochter, die Musiker nach Hause zu schicken, denn mir dämmerte, dass sie ja noch die ganze Nacht spielen würden. Es begannen zwei Stunden gespenstischer Stille. Die Tochter schminkte sich hingebungsvoll mit ihren vier besten Freundinnen und mit wissenschaftlicher Akribie. Die Mutter meiner Tochter gab mir währenddessen die 300 wichtigsten Verhaltensmaßregeln, denn sie plante, einen Teil des Abends auf einer Lesung zuzubringen. Ich hatte die Aufsichtspflicht, und als erste Amtshandlung ernannte ich meinen neunzehnjährigen Sohn zum Hilfssheriff, händigte ihm die Feuerwaffen und die Munition aus, dann verschanzten wir uns hinter dem Fernseher und warteten auf das Anrücken der feindlichen Übermacht. Die ließ sich Zeit, aber auf meinem ersten Patrouillengang gegen 23 Uhr konnte ich feststellen, dass unser Erdgeschoss in der Lage war, 80 Personen Platz zu bieten, wobei die Bühnenaufbauten der Bands den meisten Raum einnahmen. Beide Gruppen traten zum ersten Mal vor Publikum auf, das war ihr Geschenk an meine Tochter. Der künstlerische Leiter der Ska-Combo brach das Konzert nach zwei Stücken ab, weil er der Ansicht war, mehr könnten seine Musiker noch nicht fehlerfrei spielen. Ein solcher Mann fehlte der Schweinerocktruppe, die hemmungslos lärmte und lärmte, als ob es keinen Warnschussarrest gäbe. Junge Menschen saßen auf allen nur erdenklichen halbwegs waagerechten Flächen und bevölkerten Arbeits- und Herdplatten, Tische, Schränke, Anrichten, Treppenstufen, Mülleimer und Fensterbänke. Es sah aus wie in einem schlechten Film über orientierungslose Jugendliche.

Mir war das nicht recht, denn erstens hatte ich das Haus noch nicht abbezahlt und zweitens hatte ich die Aufsichtspflicht. Meine Tochter tauchte ab und an aus der Masse der Feiernden auf und schien mir leicht übereuphorisiert, sie gab mir sogar einen Kuss. Ich tastete mich durch die gespenstisch dunkle Küche, um mir ein Schinkenbrot zu machen und hörte eine junge Dame sagen: »Die hat ja tolerante Eltern. Wahn-

sinn, dass die so was erlauben. Meine würden aus-
rasten.«

Das erfüllte mich mit einer gewissen Befriedigung,
und ich zog mich mit meinem Brot wieder hinter den
Fernseher zurück. Wir waren allerdings keineswegs
tolerant, sondern nur total bescheuert. Später erzählte
meine Tochter, ich hätte sehr gute Kritiken bekommen: »Total cool, der Typ, kommt einfach runter, macht
sich ein Brot und geht wieder.«

Gegen null Uhr rumorten ein paar Bengel vor meinem Arbeitszimmer, worauf ich die Tür öffnete und
fragte, ob ich ihnen helfen könne. Sie quiekten auf,
als ob sie ein Gespenst gesehen hätten, murmelten
ungelenke Entschuldigungen und stolperten die Treppe
hinunter: »Krass, wo kam denn der Typ her? Wusste
gar nicht, dass da oben noch einer ist! Mann, ich hab
mir fast in die Hosen gemacht!«

All diese Worte taten mir wohl, denn in meiner
eigenen Familie löst mein Erscheinen selten mehr als
einen müden Augenaufschlag aus. Bei einem weiteren Rundgang traf ich meine Tochter in ihrem Zimmer an, umgeben von ihren vier besten Freundinnen.
Sie lag im Bett und erklärte leicht aggressiv, man
könne sich ja wohl auch mal ausruhen. Ein Stock-
werk tiefer rumorten etwa hundert Gäste, aßen mein
teures Amaranth-Knäckebrot, und eine kreischende
Frauenstimme versuchte eine Geschichte zu erzählen, in der fünfzigmal der Satz »Ej, das war ja so
geil« vorkommen musste. Ich zwängte mich durch die

Menge, weil ich die Mutter der Tochter von der Lesung abholen musste. Als wir zurückkehrten, waren alle Außenlichter gelöscht, ein paar dunkle Gestalten standen vor der Haustür und tranken Bier aus Flaschen. Im Flur brannte ebenfalls kein Licht, schemenhaft waren Umrisse von Körpern zu erkennen, man konnte die Hand kaum vor den Augen sehen, denn durch das ganze Haus wälzten sich dicke Nebelschwaden. Jemand hatte die Trockeneismaschine der Ska-Combo auf volle Leistung gestellt. Dünne Elektrobeats zirpten durch den Smog. Eine hohe Stimme erklärte: »Ej, das war ja so geil, ej.« Wir kämpften uns bis ins Zimmer der Tochter vor, die fest in ihrem Bett eingeschlafen war. Rüde rissen wir sie aus dem Schlaf, klärten sie über ihre Pflichten als Gastgeberin auf, die sie in jedem Zustand wahrzunehmen habe, und schickten sie nach unten. Die Mutter der Tochter ging noch kurz in die dunkle Küche, um sich ein Brot zu schmieren und um jemanden sagen zu hören: »Die Mutter ist ja gar nicht da.« Sie erwiderte zu ihrer eigenen Überraschung völlig abgeklärt: »Doch, die ist gerade wiedergekommen.« Die Tochter schaffte es, noch eine Stunde auf den Beinen zu bleiben, dann ging sie mit ihren vier besten Freundinnen schlafen. Ihr Bruder und ihr Vater entsorgten den Rest der Gäste in die Nacht, bliesen Luftmatratzen für Geburtstagsgäste aus Schwaben auf, und um circa 2 Uhr 30 war alles vorbei. Unsere letzte Seniorenparty ging bis 5 Uhr 30. Aber wir vermieden es, vor unseren Kindern damit zu renommieren. Sie haben es auch so schwer genug.

Am nächsten Morgen machte die Mutter der Tochter den Fehler, als Erste aufzustehen und in die Küche zu gehen. Es entrang sich ihr ein gurgelnder Laut, und als sie schwankend ins Schlafzimmer zurückkehrte, war ihr Blick erloschen und sie warf sich schluchzend in die Kissen. Sie hatte ihr Stalingrad erlebt.

Küchen- und Wohnzimmerboden waren mit einer drei Zentimeter dicken Schlammschicht bedeckt, die sich aber eigentlich nur dem guten Benehmen der Gäste verdankte. Die waren zum Rauchen brav in den Garten gegangen, brachten von dort aber jedes Mal Teile des vom Dauerregen aufgeweichten Mutterbodens mit, der vermischte sich mit dem Wasser, das zu Weizenbierkühlzwecken in eine Wanne gefüllt worden war und mit der Zeit seinen Weg ins Freie gefunden hatte. Ich ersparte mir diesen Anblick, indem ich einfach weiterschlief, denn pünktlich um 8 Uhr standen die noch im Haus verbliebenen Gäste auf, griffen sich sämtliche Reinigungsgeräte und versetzten das Haus innerhalb einer Stunde in einen begehbaren Zustand. Die Tochter feudelte, wischte, schabte und spülte noch weitere fünf Stunden, dann rückten wir diverse Möbel zurecht und stellten verblüfft fest, dass der überwiegende Teil der tragenden Mauern durchgehalten hatte. Es musste nur eine Wand neu gestrichen und ein Garderobenhaken eingedübelt werden. Darüber hinaus hatten die letzten Gäste einen Kasten Bier mitgehen lassen. Nach der ersten schlecht gespielten Empörung stellte sich heraus, dass sowohl der Vater als auch die Mutter und der Bruder der Tochter in der Vergangenheit an ähnlichen Handlungen beteiligt gewesen waren.

Die Party wurde allgemein als gelungen eingestuft, aber man war sich einig, dass man niemals mehr zu Hause feiern werde. Hätten wir gewusst, was uns erwartete, wären wir niemals bereit gewesen, unsere Genehmigung zu diesem Wohnzimmer-Woodstock zu geben. Andererseits hat uns dieses Festival einen unschätzbaren moralischen Vorteil verschafft. Unsere Tochter wird in den nächsten Monaten kaum mehr sagen können: Ihr erlaubt mir ja nie was. Wir gelten in ihrem Freundeskreis jetzt als total cool und wahnsinnig tolerant. Und warum? Weil wir einfach so in die Küche kommen und uns ein Brot machen.

FRANKOPHOBIE

Das Leben ist ungerecht. Vielmehr, es ist alles sehr ungerecht auf der Welt verteilt. Betrachten wir zum Beispiel den Franzosen. Der Franzose hat alles, er hat einfach alles in einem Land. Wälder, Seen, Gebirge, Strände aller Art, Wein, Paris, Doubs, Vincent Delerm und Benjamin Biolay, Biarritz, Quimper, Atlantik, Mittelmeer, Jeanne Moreau, Paul Bocuse, Amélie und die Tour de France. Kein Wunder, wenn er keine andere Sprache spricht, wozu auch, warum sollte er in hässlichere Länder fahren, wo man vielleicht sogar deutsch redet und jedes Wort versteht, das Herbert Grönemeyer singt. Fast jedes Wort, denn selbst Grönemeyer ist wahrscheinlich überrascht, wenn er seine Texte zum ersten Mal auf CD hört und zu verstehen versucht. Aber wir waren bei Frankreich. Kein Franzose will im Ausland Urlaub machen, denn er lebt in einem Urlaubsland. Frankreich besteht nur aus Urlaubsgegenden. Man überlege nur mal, das Elsass wäre nach dem Krieg deutsch geworden. Kein Mensch würde da hinfahren wollen, es macht ja auch keiner freiwillig Urlaub im Saarland. Aber genau das steht uns bevor. Wegen der Umwelt. Wegen der Erderwärmung sollen wir nur noch Urlaub in Deutschland machen. In einem Land, in dem es weder Paris oder Montpellier und schon gar keinen Mittelmeerstrand gibt. Stattdessen unsägliche Bundesländer mit Namen wie

Sachsen-Anhalt, Mecklenburg-Vorpommern oder gar Frank-Walter Steinmeier. Wie stellen sich diese Klimaschützer das vor? Sollen wir für 9,99 Euro mit Ryan Air nach Gießen, Bielefeld oder nach Norderney fliegen? Das ist mit Sicherheit der falsche Weg, denn es wird das Klima noch viel stärker aufheizen, wenn die Deutschen sogar während des Urlaubs im eigenen Saft schmoren.

VONNEGUTMENSCHENTUM

Kurt Vonnegut ist tot. Er war genauso alt wie meine Mutter. Beiden verdanke ich viel. Kurt Vonnegut war der einzige Mensch, von dem ich jemals eine gebrauchte Moral gekauft habe. Und das nicht nur einmal. Kurt Vonnegut hat mich u. a. auch aus selbst verschuldeter Verblödung gerettet, und das kam so:

Schon im Alter von fünfzehn Jahren las ich regelmäßig die Satirezeitschrift *Pardon*. Ich fand alles großartig, was dort geschrieben stand, denn ich war jung und brauchte irgendeine Haltung. 1974 saßen auf dem *Pardon*-Titelbild plötzlich merkwürdige Gestalten mit wehenden Haaren im Schneidersitz und behaupteten: »Kein Witz – ich kann fliegen.« Der Verleger und Chefredakteur war verrückt geworden und dem Guru Maharishi in die Hände gefallen. Ich ahnte nichts vom Geisteszustand des Verlegers, sondern besuchte sofort einen Einführungsabend in die Transzendentale Meditation in Bielefeld. Drei nur ganz leicht entrückt wirkende Personen erzählten den gebannten Zuhörern: Wer richtig gut meditieren könne, der würde eines Tages auch abheben. Die Top-Meditierer hätten schon im ganzen Land Turnhallen angemietet, um ungestört herumfliegen zu können. Würden nur zwei Prozent der Weltbevölkerung meditieren, könnte die Kriminalitätsrate um hundert Prozent gesenkt und der Weltfrieden für immer hergestellt werden. Da wollte ich natürlich mitmachen, vor allem, weil ich mich in eine der beiden Meditationstrainerinnen verliebt hatte. Für umgerechnet 100 Euro erteilte sie mir Einzelunterweisungen, in deren Verlauf ich zunächst das Wort »Om« murmeln bzw. am besten nur denken oder klingen lassen sollte. Erst als ich ihr nach ein paar Stunden ein weißes Taschentuch, eine Rose und eine Orange geschenkt hatte, offenbarte sie mir in einer irgendwie nicht ganz unerregenden Sitzung mein ganz persönliches Mantra, das ich niemandem verraten dürfe. Ich hatte jetzt die Lizenz zum meditieren, aber sooft ich es zu Hause ohne meine Lehrerin versuchte, schlief ich ein. Trotzdem machte ich weiter und war kurz davor, einen circa 1500 Euro teuren Flugkurs in der Schweiz zu belegen, als ich das Buch »Frühstück für starke Männer« von Kurt Vonnegut jr. las. Darin kam ein unglücklicher junger Mann vor, der genau wie ich TM praktizierte und dabei auch tatsächlich mein persönliches Mantra benutzte. Das war ein Schock. In diesem Moment begriff ich erst das Ausmaß meines Wahnsinns. Ich gab das Meditieren auf, lernte, Arschlöcher und Betrüger zu erkennen, wenn ich welche sah, las nie wieder *Pardon* und arbeitete nachmittags im Lager einer Spedition. Kurt Vonnegut hatte mein Leben verändert, er hatte mich aus den Fängen des Gurus gerettet. Später las ich, dass selbst die Beatles immerhin ein halbes Jahr gebraucht hatten, um den Schwindel zu durchschauen. Außer Ringo Starr, der wusste es sofort. Noch später hörte ich, dass es sowieso nur vier verschiedene Mantras gibt.

Jeder Mensch sollte mindestens drei Vonnegut-Bücher lesen: »Schlachthof Nr. 5«, »Frühstück für starke Männer« und »Mann ohne Land«. Es ist alles fast anstrengungslos geschrieben, sehr komisch, gebremst moralisch, aber immer wild und unberechenbar. Vonnegut wollte eigentlich nie in einem Land leben, in dem die mächtigsten Personen George und Dick heißen. Leider kam es dann anders, aber jetzt ist es ihm doch noch gelungen abzuhauen. So geht das.

Bis zum Ende seines Lebens litt Kurt Vonnegut darunter, dass er in seinen Büchern niemals einen Mann im Unterhemd beschrieben hatte, der versucht, mit einem lächerlich dünnen Stäbchen einen dicken Brei umzurühren.

HÄMORRHOIDEN

Hat man seinen Sitzplatz im Großraumwagen der Deutschen Bahn gefunden, kann es, wenn ganz viele glückliche Umstände zusammentreffen, passieren, dass der Sitz neben einem frei ist. Damit das so bleibt, wuchtet man sofort einen Rucksack oder eine Handtasche darauf oder falls man keine hat, eine Zeitung, eine Wasserflasche oder einen geöffneten Plastikbehälter mit Leberwurstbroten der Saison. Es handelt sich um eine Art magisches Ritual, mit dem man anderen Platzsuchenden signalisiert: Hier ist kein Raum mehr für dich, denn hier sitzt schon mein Leberwurstbrot. Im Prinzip erfüllt so eine Installation also den gleichen Zweck wie das Handtuch auf dem Liegestuhl. Obwohl diese Taktik sehr alt und sehr durchschaubar ist, hat sie mir doch oft geholfen, die redselige alte Dame, den schwitzenden Kampftrinker oder den dauertelefonierenden Außendienstmitarbeiter aus Heilbronn von mir fernzuhalten. Allerdings ist es oft sehr mühsam, die magischen Gegenstände in der richtigen Anordnung auf dem freien Sitz zu drapieren, vor allem, wenn man selber eine Leberwurstbrotallergie hat.

Es überrascht also, dass die gepäckstückerzeugende Industrie noch keinen Behälter entwickelt hat, der ausschließlich dazu dient, den freien Raum neben einem zu bedecken und andere daran zu hindern, die fata-

len vier Worte auszusprechen: »Ist hier noch frei?«
Das Gepäckstück müsste sehr leicht und zusammenlegbar sein, etwa wie eine Regenhaut, aufgebaut oder -geblasen aber einen extrem voluminösen Eindruck machen. Gleichzeitig müsste es Zeitungs- und Leberwurstdummys enthalten, die den Abschreckungsfaktor erhöhen. Besonders wirkungsvoll wäre eine plastinierte Babywindel, die zuverlässig jeden Eindringling in die Flucht schlägt. Einfache, robuste Ausführungen könnte man schon ab 20 Euro anbieten, aber es sollten natürlich auch Designersitzplatzbelegsäcke auf den Markt gebracht werden, wobei man noch einen prickelnden Namen finden müsste. Denkbar wären »Seat-Claimer« oder »Space-Invader«, und gäbe es die DDR noch, hieße das Ganze wahrscheinlich »Sitznachbarersatzobjekt«.

WELTVERBESSERUNGSWAHN

Ich habe in meinem Leben nicht besonders oft demonstriert. Grundsätzlich fand ich es wenig erfreulich, mich in einem Pulk geschmacklos gekleideter Menschen zu bewegen und scheußliche Lieder zu singen: »Heho, leistet Widerstand, gegen diese Herren hier im Land, schließt euch fest zusammen, schließt euch fest zusahammen.« Aber hin und wieder habe ich es doch getan, das gebe ich zu, vor allem, um engagierte Frauen zu beeindrucken. Zu meiner ersten Demonstration wurde ich von meinem kommunistenfressenden Lateinlehrer abkommandiert, und ich rief mit Hunderten anderen: »Dubček – Svoboda – Dubček – Svoboda«, aber unsere Rufe blieben unerhört. Der Prager Frühling wurde von den Russen beendet, Dubček kurz darauf abserviert, und Svoboda entpuppte sich als Konterrevolutionär.

Zum zweiten Mal ging ich im Alter von dreizehn Jahren auf die Straße, im Rahmen einer Pro-Willy-Brandt-Ostpolitik-Demo, und das nur, weil die rührige SMV meiner Schule dafür gesorgt hatte, dass jeder Teilnehmer die letzten beiden Stunden legal ausfallen lassen konnte. Also versammelte ich mich auf dem Alten Markt in Bielefeld und sang: »Moskauer Verträge raddifizirn, Warschauer Verträge raddifizirn, Moskauer, Warschauer, Moskauer, Warschauer, beide Verträge raddifizirn.« Dieser rührend bürokratische

Kampfgesang war überraschend wirkungsvoll, denn beide Verträge wurden kurz darauf raddifiziert.

Für Salvador Allende habe ich später noch die Internationale gesungen, und bei einer anderen Gelegenheit skandierte ich: »Buback, Ponto, Schleyer – der Nächste ist ein Bayer.« Was ich aber damit sagen wollte und für oder gegen was ich mich einsetzte, habe ich vergessen.

Dann fuhr ich einmal auf verschlungenen Wegen nach Holland, um dort gegen die Atomkraft zu demonstrieren, aber ich weiß nicht mehr, was wir sangen, und ich weiß auch nicht, ob wir irgendwas erreicht haben oder ob ganz Holland inzwischen atombetrieben ist. Ein paar Jahre später wohnte ich in Berlin bei meinem Freund Martin, und eines Tages hieß es, man müsse sofort zum »Nolli« oder »Stutti«, die Bullen wären da aufmarschiert, und allein das galt damals in Berlin als Grund, sofort zum Nolli zu fahren. Wir waren etwas spät dran, denn als wir aus dem U-Bahn-Schacht herauskamen, sahen wir, dass die Bullen den Nolli oder den Stutti bereits erobert hatten. Tatsächlich standen Martin und ich einer Hundertschaft martialisch kostümierter Beamter gegenüber, die mit Schlagstöcken auf ihre Schilder trommelten und direkt auf uns zuliefen. Ich rannte wie noch nie im Leben, weil ich schreckliche Angst davor hatte, von dieser Schlagstockbrigade zerlegt zu werden. Irgendwann trafen wir auf den Rest der Demonstrationsgruppe, die, wie sich herausstellte, gegen die Räumung eines besetzten Hauses auf die Straße gegangen waren, und wenn wir nur gekonnt hätten, dann hätten auch wir gesungen: »Das ist unser Haus ...«, aber wir krümmten uns wegen akuten Seitenstechens. Wir wären nicht mal in der Lage gewesen, kaputt zu machen, was uns kaputt machte.

Danach hatte ich fertigdemonstriert. Ich marschierte nicht mehr mit drei Milliarden anderen nach Bonn, ich sang nur einmal mit 20.000 Gleichgesinnten: »Bielefeld-Superstar, Deutscher Meister Arminia.« Das war aber komplett gelogen. Um doch noch irgendwie ein Zeichen zu setzen und meine Solidarität zu demonstrieren, kaufte ich mir eines Tages die Platte »Free Nelson Mandela« und, was soll ich sagen, drei Monate später war Nelson Mandela ein freier Mann.

ROLAND POFALLA

Forscher entdeckten in Südamerika die versteinerten Überreste eines »Riesenpinguins«. Der Vogel lebte vor 36 Millionen Jahren, und die Forscher wissen jetzt, dass Pinguine schon viele Millionen Jahre früher auf der Erde waren als bisher angenommen. Wir wissen jetzt aber auch, warum Pinguine nicht fliegen können: Sie sind ja versteinert und damit natürlich zu schwer.

Wenn er wirklich Interesse am Fliegen gehabt hätte, dann wäre der Pinguin evolutionär gut beraten gewesen, sich mit einem anderen Tier zusammenzutun, einem kräftigen Säugetier beispielsweise, das ihn in die Luft wirft. Vielleicht graben die Forscher ja bald auch noch die Reste eines Pinguinwurfbärs aus. Oder einer Pinguinschleuderkatze.

Auch der Strauß ist flugunfähig, aber im Gegensatz zum Pinguin weiß er es nicht und nimmt immer wieder reichlich Anlauf. Das sieht absolut bizarr aus. Man muss zugeben, er kriegt einen ziemlichen Zahn drauf, und wenn er noch dreißigtausend Jahre so weitermacht, hebt er mit Sicherheit irgendwann ab. Sehr schlecht fliegt der Kiwi, und weil er sich dessen schmerzhaft bewusst ist, nimmt er noch nicht mal Anlauf, sondern hat sich eine nachtaktive Lebensweise angewöhnt, weil es im Dunkeln weniger auffällt, wenn einer nicht fliegen kann. Vielleicht erzählt er anderen nachtaktiven Kumpels, dass er tagsüber richtig doll rumfliegt, und die können das aber leider nie miterleben, weil sie dann ja schlafen. Aber der Kiwi macht eigentlich einen viel zu freundlichen und bescheidenen Eindruck, um solche Lügenmärchen zu verbreiten.

Das würde schon eher zum Strauß passen oder zu Roland Pofalla. Über dessen Flugkünste existieren nur Gerüchte, allerdings ist er ein hohes Tier in der Regierung. Und früher war er auch mal Generalsekretär der CDU. Dabei handelt es sich um eine Unterart des Sekretärs, und das ist bekanntlich ein Greifvogel, der hauptsächlich im südlichen Afrika auf Beutezug geht: »Bei der Jagd rennen sie über den Boden und treiben mit lautem Flügelschlag Kleintiere und Schlangen auf, welche daraufhin im Zickzacklauf gejagt werden. Schlangen werden dadurch verwirrt und mit einem kräftigen Tritt in die Wirbelsäule getötet.« (Quelle: Wikipedia). Das hätten Sie nicht gedacht von Roland Pofalla, oder? Rennt der im Zickzacklauf in der Kantine des Konrad-Adenauer-Hauses herum und bricht Schlangen das Rückgrat. Wo hat die CDU überhaupt so viele Schlangen her, um den flügelschlagenden Pofalla zufriedenzustellen? Wahrscheinlich handelt es sich um falsche Schlangen, von denen es in der CDU naturgemäß ziemlich viele gibt.

SAMMELWUT

Neulich wurde vermeldet, UN und EU hätten beim Anlegen von Terrorlisten sehr oft Willkür walten lassen. Das überrascht mich wenig, jede Liste ist durch eine gewisse Willkür geprägt, die wenigsten sind vollständig, außer vielleicht »Briefmarken der DDR«. Deshalb muss jede Liste zwangsläufig ungerecht und eben willkürlich sein.

Als ich früher einmal jünger war, liebte ich es natürlich auch, Listen anzulegen. In einem Trödelladen hatte ich mir einen bräunlichen Karteikasten besorgt, den die goldumrankten Worte »Die Verwandten« zierten. Die darin enthaltenen Karteikarten sollte man mit näheren Angaben zu Angehörigen beschriften und Stammbäume anlegen. Ich drehte die Karteikarten um und legte auf der freien weißen Rückseite ein Verzeichnis meiner Bücher an, die ich größtenteils aus dem gleichen Trödelladen bezog. Der Kasten steht bemerkenswerterweise noch heute in meinem Regal, und so weiß ich, dass ich damals u. a. folgende Bücher besaß:

A. E. Johann, »Der Mann der sein Wort gab«.
Erich Kloos, »Die Waldfreunde und ihre Tiere«.
Jürgen Hillner, »Niederländer erzählen«.
Karl Heinz Müller, »Geheimsender auf 18,6 Megahertz«.
Rudolf Utsch, »Gefahrvolle Jagd«.

G. H. Schilling, »Mit Blitzlicht und Büchse«.

Svend Fleuron, »Strix, die Geschichte eines Uhus«.

Bert Andrew, »Duell im Kosmos«.

Hans Hass, »Manta, Teufel im Roten Meer«.

Pierre Apesteguy, »Venus fährt ins Wochenende«.

H. Klauser, R. Polt, »Vom Höhenmensch zum
　Weltraumforscher«.

Leutnant X, »Geheimagent Lennets erster Auftrag«.

Waldemar Augustini, »Albert Schweitzer und Du«.

Donald G. Cooly, »Iss dich schlank«.

Billy Jenkins, »Der tanzende Dämon«.

Coué, »Die Selbstbemeisterung durch Autosuggestion«;
　»Meyer drei, Sie werden Primus in … Mathematik«.

Adolf Himmel, »Fauler Zauber auf Schloss Fionn«.

Sven Fleuron, »Schnipp Fidelius Adelzahn«.

Fritz Müller-Partenkirchen, »Kramer und Friedemann«;
　»Geschichte einer Lehrzeit«.

Giovanni Guareschi, »Enthüllungen eines
　Familienvaters«.

Hans Bertram, »Flug in die Hölle«.

Zane Grey, »Unter dem Licht der westlichen Sonne«.

Friedrich Gerstäcker, »Die Flußpiraten des Mississippi«.

Meno Holst, »Das Todesgeschwader«.

Enid Blyton, »Fünf Freunde geraten in
　Schwierigkeiten«.

Herbert Kranz, »In den Klauen des Ungenannten …«

Ich glaube, man fühlt schon sehr deutlich den Terror,
der von einer Liste ausgehen kann. Irgendwann be-

gann ich, den Eintragungen auch noch kleine Inhalts-
angaben hinzuzufügen, aber lesen Sie selbst:

Albert K. Burmeister – **Der Damm von Amazonis:** *Ein
junger Ingenieur baut einen Staudamm am Amazonas,
aber das Projekt hat viele Feinde. So passieren immer
wieder Unglücke. Wird der junge Mann es schaffen?*

Dann fügte ich sogar noch den Standort des Buches
hinzu, damit die zahlreichen Benutzer meiner Biblio-
thek sich zurechtfinden konnten:

Hans Dominik – **Land zwischen Feuer und Wasser** /
Zukunftsroman / Schrankbord 1: *St. 8 entdeckt auf
einer Insel einen tätigen Vulkan. Sie machen ein
Experiment und entdecken wichtige Bodenschätze,
doch die Ausbeutung bereitet Schwierigkeiten.*

Und:

Hans Dominik – **Moderne Piraten** / Zukunftsroman /
Schrankbord 1: *Ein Rauschgiftring bedroht Europa.
Dr. Schmidt und Rudi versuchen, ihn zu sprengen.*

Ich befürchte, Schrankbord 2 existierte nicht, ganz zu
schweigen von Schrankbord 3 oder 4. Zumindest hatte
ich den Willen, potenziellen Nutzern meiner Kartei
umfangreiche Bibliotheksräumlichkeiten zu sugge-
rieren.

Damit noch immer nicht genug, begann ich, Biografien von Schriftstellern anzulegen. Ich hatte in den Jahren 1965–70 offenbar so gut wie keine sozialen Kontakte und erlebte praktisch nichts. Im Gegensatz zu Antoine de Saint Exupéry. Er »*erlebte eine stürm- und fantastische Kindheit, er macht Entdeckungsfahrten in alten Häusern, versucht sich als Feinschmecker, züchtet Schildkröten und weiße Kaninchen, schreibt Gedichte – spielt*«.

Schön, dass er noch Zeit zum Spielen hatte, ich glaube, ich habe Exupéry immer verkannt. Dann trat langsam die Musik im mein Leben. Ich kaufte mir von den Konfirmationseinnahmen ein Vierspurtonbandgerät von Uher und speicherte mittels eines Fünfpolsteckers alles aus einem uralten Röhrenradio auf meine modernen Magnetbänder, was mir gefiel, und mir gefiel so ziemlich alles. Ich weiß es, weil ich meine Listen weiterführte.

Dazu drehte ich die Rückseiten der Ahnenkarteikarten noch einmal um 180 Grad. Und das schrieb ich auf die Karten:

Supremes – Nathan Jones
Carpenters – Top of the world
Captain Beefheart – The dust blows forward and the
   wind blows back
Reinhard Mey – Der Mörder ist immer der Gärtner
Black Oak Arkansas – Lord have mercy to my soul
   (The time when electricity came to Arizona)

Neu – Hallogallo

Lyn Anderson – Rosegarden

Popul Vuh – In den Gärten Pharaos

Niagara – Malamga

Partidge Family – Doesn't somebody want to be wanted

Heads Hands & Feet – Country Boy

Picketty Witch – Waldo P. Emerson Jones

Et Cetera – Raga/Thursday Morning Sunrise

Kraftwerk – Vom Himmel hoch/Ruckzuck

Exuma – Obeah Man

Alice Cooper – Halo of Flies

Mr. Bloe – Grovin with Mr. Bloe

Ein innerer Drang treibt Jungen zum Sammeln von Dingen. Manche sammeln nur Eindrücke, manche Brillenschlangen, andere sammeln Fernauslöser von Atomsprengköpfen, samt kurzsichtigengerechter Anleitung.

Der Vorbesitzer des bräunlichen Kastens hatte übrigens keine Ahnentafeln angelegt, sondern die Herrscher der Goten, Vandalen und Langobarden auf den Karteikarten festgehalten. Wahrscheinlich als Lernhilfe für den Geschichtsunterricht. Unter der Rubrik »Westgoten« erwähnt er »*Wamba 672–680. Letzte kräftige Regierung. Nachher fällt das Reich in Parteikämpfen.*«
Auf die Rückseite aber schrieb ich:

Tremeloes – Me and my life.

LESESCHWÄCHE

Zwei- bis dreimal im Jahr lese ich in Hotels. Das tun viele Menschen, aber ich bin vertraglich verpflichtet worden, anderen Gästen etwas vorzulesen. Diese Gäste haben das Hotel extra nur wegen mir ausgewählt, sie haben sich gedacht, einmal Zippert hören und sich vorher noch ein wenig bräunen oder eine ayurvedische Massage verpassen lassen, das wäre doch großartig. Manchmal schaffen sie auch noch das Abendessen und zwei Saunagänge, bevor sie dann beglückt im »Piano-Saal«, im »Kamin-Zimmer« oder in der »Alpen-Lounge« sitzen und mir aufmerksam zuhören. Die Wirklichkeit sieht etwas anders aus. Niemand bucht ein Hotel, weil dort Hans Zippert auftritt. In repräsentativen Umfragen würden sich wohl 99,99 Prozent der Befragten dafür entscheiden, ihren Urlaub in einem Hotel zu verbringen, in dem ich nicht auftrete.

Mein Honorar besteht aus kostenlosem Aufenthalt, plus Halbpension für zwei Personen. Die zweite Person ist mal die Ehefrau und mal die Mutter, und manchmal findet sich auch keine zweite Person, dann spart der Hotelier ein paar Mahlzeiten. Auch sonst ist alles auf das Schönste geregelt. Nichtalkoholische Getränke zum Essen sind inbegriffen, Minibar und Alkohol bezahlt der Künstler. Nur in Konstanz waren auch Weine der Region Teil der Gage. Und selbstverständlich habe ich noch nie in meinem Leben derartig viel Bodenseewein verkostet wie damals im Steigenberger-Hotel in Konstanz. Es hätte noch mehr sein können, aber ausgerechnet da war meine Mutter dabei, und die beobachtet mich immer sehr misstrauisch, weil sie befürchtet, ich könnte Alkoholiker sein. Sie kennt mich einfach zu lange, ich kann ihr nicht klarmachen, dass zwei Weinflaschen der Region zum Abendessen nun wirklich nichts mit Alkoholismus zu tun haben, und eigentlich versuche ich ja nur, meine Gage durch entschlossenen Weinkonsum zu erhöhen.

Eine außergewöhnliche Auftrittssituation, eine Extremauftrittssituation. Man lebt mit seinem Publikum bis zu einer Woche zusammen. Man begegnet seinen Zuhörern im Bademantel, in der Badehose und in der Sauna sogar nackt. Das Publikum sieht, was man isst, trinkt und wie man sich mit seiner Frau verträgt. Man wartet minutenlang vor dem Aufzug mit potenziellen Zuhörern, während man krampfhaft versucht, drei Schinkenbrötchen, ein Käsebrot, vier Äpfel, eine Banane und einen Muffin zu verbergen, die man unauffällig vom Frühstücksbuffet mitgenommen hatte, um aus der Halb- eine Vollpension zu machen. Man wandert mit ihnen zusammen, besichtigt die gleichen Innenstädte und streitet sich mit ihnen um den einzigen Internetzugang. Man begegnet Menschen im Aufzug, die am Abend zuvor mitten in der Lesung aufgestanden sind und mit einem verächtlichen Blick den Saal verlassen haben. Man trifft in der Hotelhalle den Herren, der einem sechzig Minuten mit versteinerter Miene zugehört und anschließend das Buch kaufte, aus dem ich gar nicht vorgelesen hatte. So, als hoffte er, dass wenigstens da etwas Gutes drinstehen könnte.

Der Nachbar auf der Sonnenliege erzählt, wie ihm in Stalingrad die Kugeln um die Ohren pfiffen und wie er anschließend »drei Monate« für den Russen arbeiten musste. Er sagt das in einem Ton, der einem klarmacht, dass das, was man ihm vorgelesen hat, dagegen ziemlich dürftig ist. Plötzlich setzt sich eine achtzigjährige Dame an den Frühstückstisch und erzählt, wie der Wind in die Badehose des Mannes gefahren sei, als sie auf der Wäscheleine hing und wie die sich mächtig aufgebläht habe, obwohl nichts drin war außer Luft. Da habe sie gleich gedacht, das wäre doch bestimmt eine Anregung für mich. Bis heute weiß ich noch nicht, was ich aus der Idee machen werde, eine Novelle (Windhosentag), ein Theaterstück (Der Wind in den Weichteilen), einen Roman (Vom Winde verweht) oder ein Musical (Das Phantom der Windhose).

Da, wie schon erwähnt, niemand wegen mir das Hotel gebucht hat, kann es sein, dass auch niemand wegen mir zur Lesung kommt. In Heringsdorf saß ich mit drei Gästen und dem Hoteldirektor im Kaminzimmer und schwitzte meine Oberbekleidung durch, weil das Publikum keine Miene verzog. Ich fühlte geradezu schmerzhaft den großen Mangel in meinem

Werkkatalog. Ich habe ausschließlich Texte verfasst, über die man lachen könnte, wenn man wollte, aber keinen einzigen, der Menschen zum Nachdenken anregt. Das hat mich sehr nachdenklich gemacht. In Arosa kamen jeden Abend mehr Zuhörer, und die meisten waren Schweizer. Einer sagte mir nach der Lesung, das habe er »von einem Deutschen nicht erwartet«. Ich fragte lieber nicht nach, wie das gemeint war.

SEHSCHWÄCHE

In vielen Büchern hat man bereits versucht, den Unterschied zwischen Frauen und Männern und die daraus resultierende Unvereinbarkeit der beiden Geschlechter zu analysieren. Dass Frauen nicht einparken und Männer nicht zuhören können, diese Erkenntnis gehört schon zum UNESCO-Weltgeschwätzerbe. Wobei ich beispielsweise weder einparken noch zuhören kann. Also, ich kann schon einparken, aber nicht besonders gut, und ähnlich verhält es sich mit dem Zuhören. Beim Einparken zuhören geht gar nicht.

Die Fähigkeit zum konzentrierten Zuhören ist allerdings hauptsächlich eine Frage des Alters. Mit fünfzig hat man einfach jede nur denkbare Antwort gehört, man weiß nicht unbedingt im Voraus, was der Gegenüber sagen will, aber nach drei Worten erkennt man alles wieder.

Es heißt, die Zähne des Menschen sind entwicklungsgeschichtlich eigentlich nur auf dreißig Jahre Haltbarkeit ausgelegt, und genauso verhält es sich auch mit dem Gesprächsstoff. Deshalb schaffen sich viele Paare Kinder an, damit sie irgendetwas Neues haben, über das sie reden können, und in den allermeisten Fällen klappt das sogar.

Eigentlich geht es mir aber um einen ganz anderen Unterschied, den ich erst durch jahrelange Beobachtung entdeckt habe. Wenn ich mit meiner Frau im

Auto unterwegs bin, und dabei spielt es überhaupt keine Rolle, wer am Steuer sitzt, dann kommt es regelmäßig vor, dass sie Sätze sagt wie: »Ach, da kommt ja die Monika« oder: »Na, der Huke ist ja spät dran« oder: »Was, haben die Scherers schon wieder ein neues Auto?« Sie sagt diese Sätze immer dann, wenn uns ein Auto entgegenkommt, und in dem Fahrzeug sitzt dann die Monika, Herr Huke oder Familie Scherer. Mich macht das ratlos. Ich habe extra ein Auto in einer auffälligen Farbe namens geckogrün angeschafft, damit ich wenigstens weiß, wann ich mir selbst entgegenkomme, aber meine Frau ist in der Lage, die Nachbarin auch noch im herkömmlichsten Silbermetallic-Mobil zu identifizieren. Daraus schließe ich: Frauen können Menschen in entgegenkommenden Autos erkennen. Männer nicht. Mir winken zwar häufig Menschen aus Autos freundlich zu, und ich winke dann mechanisch zurück, aber ohne sie erkannt zu haben. Es ist mir unbegreiflich, wie man hinter getönten Scheiben und möglicherweise Sonnenbrillen jemand im dunklen Fahrgastraum erkennen soll, aber Frauen können das.

Wie lässt sich das evolutionär erklären? Eigentlich gar nicht – höchstens so: Männer haben damals in der Stein- oder guten alten Zeit das Mammut, den Säbelzahntiger und das Mastodon einfach erlegt, es hat sie nicht interessiert, wer da drinsaß. Die Frauen mussten die Tiere dann ausnehmen und hatten viel mit Innereien zu tun. Deshalb sind sie jetzt in der Lage,

Herrn Scherer oder die Monika *im* Mammut bzw. *im* Audi R8 zu erkennen. Und außerdem interessieren sich Frauen ja grundsätzlich überall nur für die inneren Werte.

SCHREIBSCHWÄCHE

Wann immer ich das Haus verlasse, und sei es auch nur, um im Supermarkt einzukaufen, nehme ich Schreibzeug mit, denn es könnte mir ja etwas Notierenswertes zustoßen. Lange Jahre schrieb ich in ein Quartheft, auf dem vorne »Rusisch Wokabeln« stand. Das hatte mein Sohn in der Waldorfschule geschrieben, bevor er doch lieber erst deutsch lernte. Zwischendurch verwendete ich auch mal ein rotes Büchlein mit der Aufschrift »Sparkasse Bielefeld« abwechselnd mit einem Kalender vom »Gewürzhaus Alsbach«. Manchmal finde ich das entsprechende Heft auch nicht schnell genug, und dann greife ich zu kleinen Blöcken, auf denen »Opus Hotel Vancouver« oder »Pension Hirschgarten« steht. Man kann diese Blöcke nur abreißen, aber nicht umblättern, was die spätere Archivierung schwierig macht. Zu Hause entpuppen sich viele Aufzeichnungen als eher banal. Auf der ersten Seite eines Hotel-Blocks, der mich nach Paris begleitete, fand ich den Satz »Eiffelturm – erstaunlich hoch«, sowie »Louvre, lange Schlange am Eingang«. Ich kann nur hoffen, dass das die Einleitung zu einer unglaublich tiefsinnigen Assoziationskette sein sollte, leider habe ich keine weiteren Gedanken zu diesen Themen notiert, wahrscheinlich hatte ich keine besseren.

Eine mitfühlende Seele aus meiner eigenen Familie konnte dieses Elend nicht mehr länger mit ansehen und schenkte mir zu Weihnachten ein kleines, sehr robustes schwarzes Büchlein, das mit einem Gummizug verschließbar ist. Es stammt aus Italien, hat ein Lesebändchen und nennt sich »Moleskine«. Es passt ganz hervorragend in jede Jacke und wird wohl auch nach jahrelangem Auf- und Zuklappen nicht auseinanderfallen. Dem Notizbuch lag ein Faltblatt bei, das mich informierte: »Moleskine ist das legendäre Notizbuch der europäischen Künstler der letzten zwei Jahrhunderte: von van Gogh bis zu Henri Matisse, von der Avantgarde bis zu Hemingway.« Ich wusste ehrlich gesagt nicht, dass die sich alle ein einziges Notizbuch teilten, und ich wusste auch nicht, dass es eine Schriftstellerin namens Avantgarde gab. Eins aber wusste ich leider ganz genau: Das Schreiben in diesem legendären Notizbuch würde mir Schwierigkeiten bereiten. Denn »dieser treue Reisebegleiter im Taschenformat bewahrte Skizzen, Notizen und Geschichten, bevor sie zu berühmten Bildern oder zu Seiten eines geliebten Buches wurden«. Man wird kaum wirkungsvollere Worte finden, um einen schreibenden Menschen einzuschüchtern. Falls jemand scharf auf eine Schreibblockade ist, hier kann er sich infizieren. Dass ein Toppreisschriftsteller wie Bruce Chatwin dieses Buch liebte, kann man sich ja denken. Er nummerierte sogar die Seiten, trug zwei verschiedene Adressen ein und versprach »adäquaten Finderlohn«. Warum nummeriert einer die Seiten eines Notizbuchs, ist das nicht ein wenig affig? Und sind zwei Adressen nicht noch viel affiger? Bruce Chatwin lebte vom Erleben, was ihm auffiel, musste er notieren, er liebte das Notizbuch, das er immer in Paris kaufte, und als er es dort nicht mehr bekam, erwarb er die Restbestände, nummerierte wochenlang alle Seiten durch und schrieb überall zwei Adressen rein. Trotz des Großeinkaufs machte der letzte Notizbuchbauer in Tours pleite und Bruce Chatwin verstarb früh, weil er keine Notizbücher mehr hatte. Nach langer Pause, in der Hemingway, van Gogh und die Avantgarde ihre Ideen auf Bierdeckeln, Wäschereiquittungen und Briefmarken festhalten mussten, fand sich ein mutiger italienischer Hersteller, der das schwarze Notizbuch wieder auflegte. Vorne ist Platz für zwei Adressen, und für den Fall des Verlustes kann man auch die Höhe der Belohnung eintragen.

Trotz des psychologischen Drucks, den das Moleskine bei sensiblen Naturen erzeugt, handelt es sich dennoch um ein sehr schönes Geschenk. Auch ohne jemals ein Wort hineingeschrieben zu haben, ist es ein großartiges Gefühl, dieses Buch zu besitzen und einen Schreibtisch mit ihm zu teilen. Falls einem wirklich mal etwas Gutes einfallen würde, hätte man schon mal den passenden Rahmen, um die Ideen zu fixieren. Und bis dieser unwahrscheinliche Fall eintritt, erfreut man sich einfach am edlen und durchaus einladenden Anblick des Moleskine. Besonders eindrucksvoll sieht es aus, wenn man sich dreißig Stück ins Regal stellt und auf Nachfragen erklärt: »Meine Reisenotizen.«

Es gibt das Buch in verschiedenen Ausführungen, mit Kästchen oder gänzlich unliniert, aber es hat in jeder Gestalt und Größe eine abschreckende Wirkung auf seinen Besitzer, es sei denn, man hieße Hemingway. Dann könnte man natürlich sofort loslegen: »Es war jetzt dunkel, wie es im September, wenn die Sonne untergegangen ist, schnell dunkel wird. Er lag gegen das abgenutzte Holz des Bugs und ruhte sich aus, so gut er konnte …«, und keine fünf Notizbücher weiter hätte man »Der alte Mann und das Meer« fertig. Ich habe das Moleskine wochenlang mit mir herumgetragen, ohne dass ich eine einzige Zeile hineingeschrieben hätte. Weder über Meere noch über alte Männer. Was möglicherweise daran lag, dass ich mit den Kindern Urlaub in der Schweiz machte. Während sich meine Familie beim Skifahren vergnügte, wanderte ich ruhelos mit dem Buch umher, bis ich zu einer verlassenen Alm kam. Vor dem malerisch verfallenen Wohnhaus setzte ich mich auf eine Bank in die Sonne und dachte eine Stunde angestrengt nach, dann schrieb ich: »Im Angesicht der erhabenen Bergwelt und eines malerischen Schweizer Dorfes aus Trotz an Hannover denken.« Und danach: »Die Klangschnittmenge eines Wildbachs und einer Horde lärmender schlittenfahrender Kinder ergibt ein überraschendes Gesamtgeräusch: Freibad.« Das hatte schon ein bisschen was von Peter Handke, und wenn ich beim Rückweg von einer Lawine verschüttet worden wäre und jemand hätte das Buch gefunden und meiner Witwe gegen Belohnung (5 Euro) ausgehändigt, dann hätte sie sich nicht schämen müssen für den Inhalt des Notizbüchleins. Danach schrieb ich erst wieder auf der Rückfahrt etwas hinein. »In der letzten Raststätte auf Schweizer Boden steht ein Behälter mit gebrauchtem Kaffee. Ein Schild erklärt: ›Kaffeesatz für Ihren Garten‹.« In Klammern regte ich die Aufstellung eines zweiten Behälters mit »Kaffeesatz für Ihren Wahrsager« an. Und damit gab ich das bedeutungsvolle Schreiben im Moleskine fürs Erste auf, denn ich war schon völlig verkrampft. Ich verschloss das Buch sorgfältig mit dem Gummibändchen und suchte nach meinem alten Notizblock vom »Park Hotel Bremen«. Darauf schrieb ich völlig entspannt die Worte: »Sonntagnachmittag: ziemlich viele Autos auf der A5 bei Freiburg.«

FLUGANGST

Demnächst werde ich mal wieder in einem Flugzeug sitzen. In einem großen Flugzeug mit vielen anderen Menschen. Die meisten davon kenne ich nicht, und da wir etwa elf Stunden gemeinsam fliegen werden, ist es nicht ausgeschlossen, dass jemand schon allein bei der Vorstellung an diese lange Zeit durchdreht, die Maschine in seine Gewalt bringt und den Piloten zwingt, gleich wieder in Frankfurt zu landen. Es wäre dann also möglich, dass der Verteidigungsminister aus Sicherheitserwägungen den Befehl gibt, die Maschine, in der ich sitze, abzuschießen. Vielleicht stellt er sich auch nur vor, dass Terroristen an Bord sind oder jemand erlaubt sich einen Scherz, ruft den Minister mit verstellter Stimme an und tischt ihm die Terroristenlüge auf.

Als ob ein reibungsloser Flug nicht sowieso schon schlimm genug wäre. Es ist unheimlich eng, ständig droht ein früher Thrombosetod, und ich sitze immer neben irgendeinem merkwürdigen Menschen, ich will nicht sagen neben einem Verrückten. Aber ich habe eine magische Anziehung auf solche Personen. Als ich vor einigen Jahren in Calgary auf meinen Weiterflug wartete, sah ich einen sehr fetten Mann, der es sich auf einer Bank für zwei Personen im Warteraum gemütlich gemacht hatte. In dem Moment wusste ich sofort, dass er neben mir sitzen würde, was auch prompt geschah. Er saß am Fenster, hatte die Armlehne zwischen uns irgendwie in seinen Körper eingesaugt, jedenfalls sah ich sie nicht mehr, und drängte mich beim Einatmen Stück für Stück in den Gang.

Hysterische Mütter mit hyperaktiven Schreikindern werden mir automatisch zugeteilt, höre ich in einer Wartehalle ein Kind weinen, schaue ich gar nicht hin, weil es sowieso auf dem ganzen Flug neben mir lärmen wird.

Auf einer Reise nach San Francisco, die ich, wie durch ein Wunder, in der Businessclass verbringen durfte, blieb der Platz neben mir bis kurz vor Abflug frei. Dann nahm ein sehr arabisch wirkender Mann neben mir Platz, zog sofort seine Schuhe aus, streifte die bereitliegenden Flugsocken über und begann, ein Gebet zu sprechen. Im Frühjahr 2002 wusste man genau, was das bedeutete. Hier bereitete sich ein Terrorist auf die Tat vor, die ihn noch etwas höher in den Himmel bringen sollte als unser Flugzeug. Ich überlegte, wann er wohl zuschlagen würde, kam zu dem Schluss, dass er es wegen des größeren Knalleffekts in der Luft, am besten über dem Meer tun würde und verbrachte durch diese eher unlogische Überlegung die erste Flugstunde relativ entspannt. Die restlichen quälend langen Stunden war ich dauernd auf dem Sprung, um ihm rechtzeitig das Teppichmesser oder die Nagelfeile zu entwinden, mit der er den Piloten bedrohen wollte. Und er hielt mich in Atem.

Ständig kramte er in seinem umfangreichen Akten-koffer und vergaß darüber auch das regelmäßige Beten nicht. Als wir nach elf Stunden sicher in San Francisco landeten, fühlte ich mich irgendwie betrogen.

FAHRANGST

Jeder Deutsche in fahrbereitem Alter hat mindestens ein Auto, manchmal sogar zwei oder mehr. Das allein ist Blödsinn, weil man nur in einem Auto gleichzeitig sitzen kann. Es gibt ungeheuer viele verschiedene Firmen, die Autos herstellen, und es ist sehr schwer herauszufinden, worin sie sich unterscheiden. Über 99 Prozent aller Autos haben immerhin vier Räder, einen Motor und wenigstens zwei Türen, eine zum Ein- und eine zum Aussteigen. Fahrzeuge mit zwei Rädern werden als Fahrrad bezeichnet, und Autos ohne Motor nennt man Bobby-Car. Wenn man zwei Fahrräder zusammenbindet, entsteht aber noch kein Auto, genau wie ein Bobby-Car auf zwei Rädern kein Fahrrad ist. Die meisten Deutschen brauchen ihr Auto, um damit zur Arbeit zu fahren, und sie müssen arbeiten, damit sie sich ein Auto kaufen können. Autos erreichen Geschwindigkeiten von über 250 km/h. Jedenfalls theoretisch. Die meiste Zeit steht das Auto. In der Garage, vorm Haus, im Stau, auf dem Firmenparkplatz, auf dem Autoreisezugwaggon, auf dem Hof des Abschleppdienstes oder am Autoschalter der Hamburgerbraterei. Die Autohersteller optimieren aber niemals die Standqualitäten ihrer Produkte, sondern nur die Fahrleistung. Vergebens sucht man Slogans wie: »Mercedes – macht das Stehen zum Vergnügen« oder: »BMW, eine neue Dimension des Stillstands« oder auch: »Audi – so kommen sie schneller zum Stehen«. Hin und wieder reduzieren die Hersteller auch den Benzinverbrauch der Fahrzeuge, wobei aber im Stillstand bei abgeschaltetem Motor alle Autos exakt 0,0 Liter verbrauchen.

Vor einigen Jahren zahlte der Staat jedem Deutschen, der sein mindestens neun Jahre altes Auto verschrottete und sich dann ein neues kaufte, eine Abwrackprämie von 2500 Euro. Das ist ungefähr so, als würde man Paare nach neun Jahren Ehe zur Scheidung und einer sofortigen neuen Heirat drängen, nur um die Nachfrage nach Trauringen, Brautkleidern und Bausparverträgen anzukurbeln. Der Staat sollte außerdem jeden insolventen Autohersteller retten und sich an den völlig maroden Unternehmen beteiligen, dabei wusste Angela Merkel gar nicht, wie man ein Auto baut. Das Problem ist: Der Mensch will unbedingt in den Lauf der Evolution eingreifen. Hätte er viel früher gelebt, dann wäre es zu Demonstrationen gegen das Verschwinden von Auslaufmodellen wie dem Brontosaurus oder dem Triceratops gekommen. Der Staat hätte Arbeitsplatzgarantien für die saurierherstellende Industrie geben müssen, und wir würden heute im Opel Mammut mit Stoßzahndämpfer durch die Gegend fahren bzw. in der Gegend rumstehen.

BEWUSSTSEINSTRÜBUNG

Seit es Menschen gibt, nehmen sie Drogen, damit sie ihr Elend vergessen, ihr Bewusstsein erweitern oder mit dem Fahrrad den Berg hochfahren können. Ich habe außer Alkohol nie besonders viele Drogen zu mir genommen, ich habe aber in einem Londoner Doppeldeckerbus drei Stunden mit jemand zusammengesessen, der darauf wartete, dass die Wirkung eines nicht ganz billigen LSD-Trips einsetzen sollte. Mit jeder Station schien er mehr davon überzeugt, aber die irren Farben und Klänge waren einfach Bestandteil des ganz normalen Englands, was der verhinderte Drogenmissbraucher schließlich selbst einsah. Ich habe häufiger miterleben können, wie Drogen einfach nicht wirken wollten, und genau wie es sehr viele vorgetäuschte Orgasmen gibt, gibt es auch unzählige vorgetäuschte Räusche.

Als Nichtraucher hatte ich mit dem Kiffen große Probleme. Haschkuchen hieß die Lösung, und tatsächlich war die Wirkung frappierend. Sie setzte nach drei Stunden, als man eigentlich nicht mehr daran glaubte, ein und hörte erst nach zwei Tagen wieder auf. Die Wirkung bestand in einer unglaublichen Erweiterung des Bewusstseins. Wir zerbrachen uns in so einem erweiterten Zustand stundenlang den Kopf über schwierige philosophische Probleme. Hatten wir einmal den Zipfel eines Gedankenansatzes erhascht, ließen wir ihn nicht mehr los. An einem denkwürdigen Abend ging uns ein Werbespot für eine Platte namens »The 4 Giants of Rock 'n' Roll« nicht mehr aus dem Kopf, und wir versuchten verzweifelt, uns daran zu erinnern, wer diese vier Giganten gewesen sein könnten. Sicher schienen Chuck Berry, Little Richard und Fats Domino. Über den Vierten wurden wir uns nicht einig, wir stritten uns um Buddy Holly, Bill Haley und Jerry Lee Lewis, aber schließlich kam mir der geniale Gedanke, Chuck Berry, Little Richard und Fats Domino seien derartig gigantische Giganten gewesen, dass man sie immer als »Die vier Giganten« bezeichnet hätte. Da sage noch mal jemand, Drogen würden nichts Gutes bewirken.

Die Haschkuchen- oder Haschplätzchenräusche hatten etwas sehr Unberechenbares. Ich erinnere mich, wie mich ein bestimmtes Stück auf einer Strawbs-Platte auf einen regelrechten Horrortrip mit Verfolgungswahn schickte, sodass ich irgendwann die Finger davon ließ. Von den Drogen und von den Strawbs.

Jahre später besuchte ich mit Achim Greser den Zeichner F. K. Waechter. Wir hatten uns vorgenommen, an einem Nachmittag so viele *Titanic*-Titelblätter wie möglich zu erschaffen. Deshalb baute Achim als Erstes einen dieser Joints, von denen man sagt, sie seien so groß wie ein Ofenrohr. Ich ließ mich zu einem Zug überreden, und sofort schwirrte mir der Kopf, mir war schwindelig, schlecht, und alles drehte sich. Nach einer halben Stunde fühlte ich mich halbwegs fähig, von einem Sofa aus das Brainstorming zu lenken, schließlich war ich damals stellvertretender Chefredakteur. Ergebnis unseres bewusstseinserweiterten Beisammenseins war der vorbildliche Anti-Apartheid-Titel: »Bürger stauen für Nelson Mandela«, auf dem ein morgendlicher Verkehrsstillstand zu sehen war, der durch das Transparent endlich eine sinnvolle Bedeutung bekam. Danach habe ich ein drogenfreies Leben geführt, bis ich vor drei Monaten in einem Seminar lernte, wie man richtig Espresso kocht. Da musste ich etwa 50 Tassen probieren, bis ich endlich in der Lage war, einen halbwegs anständigen Espresso zu brauen. Die Folge war ein »Koffein-Flash«, wie es mein Seminarleiter nannte. Ich sah jede Menge Farben und hörte Stimmen, weil ich wegen akuter Aufgekratztheit gezwungenermaßen die ganze Nacht vor dem laufenden Fernseher verbrachte.

RELIGIOSITÄT

Betritt der Mensch sein Hotelzimmer, macht er erst mal alles auf. Kleiderschrank, Badezimmerschränkchen, Safe, Minibar, Schreibtischschublade, Fenster und, kurz vorm Einschlafen, endlich auch die Nachttischschublade. Dort fand man bislang immer ein Buch, und es war immer die Bibel. Meistens nur das Neue Testament, denn im Alten gibt es einfach zu viele Katastrophenschilderungen, die den Schlaf des Gastes nachhaltig beeinträchtigen könnten.

Aus dem Neuen Testament gewinnt man jedoch die Gewissheit: Da ist schon einer für meine Sünden gestorben. Man hat also, trotz gewisser Mängel in der Ausstattung des Zimmers, gute Chancen, die Nacht zu überleben. Vor Kurzem aber fand ich in einem Hamburger Hotel zu meiner großen Überraschung neben der Bibel die »Lehren des Buddha« im Nachtschrank. Ich erkenne darin allerdings nicht nur eine lobenswerte Bereicherung des weltanschaulichen Serviceangebots, denn ich bezweifle stark, dass es bei diesen beiden Werken bleiben wird. Bald liegt natürlich auch der Koran bereit und um niemanden zu brüskieren, gehört auch der Talmud in die Schublade, die man jetzt schon kaum noch aufbekommt.

Gleichstellungsbeauftragte und Anti-Diskriminierungsorganisationen werden eine Ausweitung des Angebots durchsetzen. Die Bibel der Mormonen, die Mao-

Bibel, die Lehren des Baghwan, aber auch die Schriften von Guru Mararishi und Guru Maharaji sowie die Erkenntnisse des Meher Baba und die Prophezeiungen des Nostradamus gehören in einem 3-Sterne-Hotel zwangsläufig dazu.

Wenn man die Sache ernst nimmt, sollte eine Marx-Engels-Gesamtausgabe nicht fehlen, falls der Gast nach dem Studium der Hotelrechnung wissen möchte, wie dieser Kapitalismus eigentlich genau funktioniert. Schon in nicht allzu ferner Zukunft bucht man kein Zimmer mehr, sondern eine Bücherei mit Übernachtungsmöglichkeit. Viel Platz wird dem Gast in seiner Schlafbibliothek nicht bleiben. Vor allem sollte er sich hüten, den Koffer auszupacken, denn sobald er den Schrank aufmacht, stehen da serienmäßig zwei Zeugen Jehovas und halten ihm den Wachturm entgegen.

LAMETTA-ALLERGIE

Als Kind freute ich mich auf die Bescherung, und ich hatte allen Grund dazu. Ich bekam im Laufe von zehn Bescherungen einen Schlitten, ein Fort aus Holz, Indianer und Cowboys, einen Kran mit Fernsteuerung, einen orangenfarbenen Schneepflug mit Batterieantrieb, einen Chemiebaukasten, den ich nie öffnete, eine Autorennbahn, ein Armbrustschießspiel von Verwandten aus der DDR, einen Affen, den man aufziehen konnte, einen Waschbären, einen Teddybären, ein Lama, einen Hasen und eine Schildkröte von Steiff, einen grauen VW-Bus, bei dem keine Tür aufging und der auch sonst nichts konnte, ein Fernglas und eine elektrische Eisenbahn, die ein Nachbar schon auf eine Platte montiert hatte. Ich interessierte mich nicht für das Gebastel und Geklebe und das Kabelgewirr machte mich nervös. Ich stellte die etwa 200 x 150 cm große Platte auf meinen Schreibtisch und wartete, bis es dunkel war. Dann ließ ich den roten Triebwagen mit Anhänger durch die Pappmascheelandschaft fahren. Der Triebwagen von Märklin war fantastisch beleuchtet und fuhr mit sanftem Rattern über Weichen und an Haltesignalen vorbei durch den Faller-Bahnhof Zindelstein und durchquerte das kleine Bergdorf, bis er wieder in Zindelstein ankam. Ich saß davor und sah dem Triebwagen zu, während mich ein schwer beschreibbares Glücksgefühl durchströmte. Ich konnte das eine Stunde lang durchhalten, möglicherweise war ich doch ein sehr merkwürdiges Kind. Ich betrieb anscheinend so eine Art Märklin-Meditation.

Vor der Bescherung musste man den Weihnachtsgottesdienst durchstehen, eine andere Form des Fegefeuers, nach dessen Absolvierung dann die Geschenke warteten. Ich habe mit meinen Kindern an grauenhaften Weihnachtsgottesdiensten teilgenommen, mit Krippenspielen, die einen auf der Stelle zum Atheisten werden ließen. Wahrscheinlich ist der Stoff doch nicht mehr zeitgemäß.

Die Sache mit Jesus konnte eigentlich nur vor 2007 Jahren funktionieren, wenn Jesus heute leben würde, wäre er zum Scheitern verurteilt, er würde mit Sicherheit nicht am Kreuz enden, sondern ganz anders. All seine Wunder würden von vorneherein als Zaubertricks angesehen, er wäre so etwas wie ein David Copperfield mit religiöser Macke. Jesus wäre Dauergast im Fernsehen. Als Einziger hat er eine echte Botschaft und wirklich etwas zu sagen, aber er ist nicht so witzig wie Gregor Gysi, und weil er nicht kochen kann, kommt er in die wirklich wichtigen Sendungen wie »Lanz kocht« oder »Lafer, Lichter, Lecker« nicht rein.

Bei Günther Jauch schafft er die Millionenfrage spielend, aber die Leute mögen ihn nicht, weil er den Publikumsjoker und die 50/50-Chance nicht braucht. Bei der 500.000-Euro-Frage will er seinen Vater anrufen, aber die Verbindung kommt nicht zustande. Er weiß die Antwort ja sowieso. In »RTL-Explosiv« wird er von Birgit Schrowange interviewt, er spricht mit Reinhold Beckmann, den er in Stein verwandelt, er heilt Stephen Hawking, die Frauen, die er kennenlernt, rufen am nächsten Tag die *Bild*-Zeitung an und erzählen, sie hätten mit Jesus geschlafen. Schließlich gewinnt er in der Pro7-Show »Wer wird der neue Uri Geller?«. Wahrscheinlich würde er auch heute verhaftet, wegen des Verdachts der Bildung einer kriminellen Vereinigung. Man würde Jesus und seine zwölf Jünger möglicherweise auch für einen Schwulenklub halten. Wenn er auf einem Esel reitend in eine Stadt kommt, geben ihm die Leute spontan zwei Euro, weil sie glauben, er sammle für einen Zirkus im Winterquartier.

Mit der Zeit wird Jesus immer deprimierter, er fängt an zu trinken und legt an Gewicht zu. Das Geld von Jauch ist aufgebraucht, die Jünger arbeiten in Ein-Euro-Jobs oder in der Telefonseelsorge. Der *stern* bringt eine Seite »Was wurde eigentlich aus … Jesus?«. Bei der Arbeitsagentur finden sie nichts für ihn. »Soso, Ausbildung als Messias, haben Sie da irgendwelche Zeugnisse?«

Allerdings ist ihm ein Rest von Charisma geblieben. Wenn er richtig in Schwung kommt, kann er die Leute schon mitreißen, vor allem, wenn er noch ein bisschen vom Blut des Herrn intus hat. So wird er Trainer eines kleinen Fußballklubs, der auf dem 16. Platz der Regionalliga Südwest steht. Innerhalb von drei Jahren spielt der Klub in der Ersten Bundesliga. Elf Spieler zu dirigieren fällt Jesus leichter, als zwölf Jünger zu führen. Er wechselt nie aus, kauft keine neuen Kicker dazu, und seine Mannschaft begeht nie ein Foul, aber alle Spieler können sich mit eindrucksvoller Leidensmiene zu Boden sinken lassen. Ein Drittel aller Tore kommen deshalb durch Elfmeter und Freistöße zustande. Die Mannschaft von Jesus wird Deutscher Meister, Uli Hoeneß will ihm Kokainmissbrauch anhängen, aber diesmal geht die Taktik nicht auf. Im Endspiel der Champions League gegen den AC Mailand erscheint beim Stande von 7:0 für die Jesustruppe der Teufel und bietet ihm alle weltlichen Güter und Weiber und überhaupt. Sofort kommen Ordner und schleppen den Teufel vom Platz, Jesus hat sowieso nichts mitbekommen. Seine Mannschaft gewinnt mit 9:0, der höchste Sieg in der Geschichte des Wettbewerbs. Den Spielern ist die ganze Sache seit Langem unheimlich, sie wissen, dass sie eigentlich Versager sind, und in der Nacht nach der Meisterfeier verraten sie Jesus an Uli Hoeneß, der ihn an der Torlatte aufhängen lässt.

ALTERSSTARRSINN

Vor einiger Zeit fand in der ARD eine »Themenwoche zum demografischen Wandel« statt. Die WDR-Intendantin Monika Piel sagte dazu: »Der demografische Wandel unserer Gesellschaft gehört zu den wichtigsten Veränderungsprozessen, die wir im beginnenden 21. Jahrhundert erleben. Dass wir immer älter werden, hat Auswirkungen auf nahezu alle Bereiche unseres Zusammenlebens.«

Ich beneide Menschen, die solche Sätze bilden können, und außerdem hat Frau Piel auch noch recht. Ich werde täglich mit dem demografischen Wandel konfrontiert. Jeden Tag steht mir ein noch älterer Mann gegenüber, wenn ich in den Spiegel schaue. Ich frage mich: Wo kommt der her, was will er hier, warum geht er nicht weg? Aber der Alte hört mich nicht. Natürlich weiß ich, dass es sich nur um mein Spiegelbild handelt, aber wenn schon mein Spiegelbild so alt wirkt, wie muss ich dann erst aussehen?

Das Schlimmste: Von meiner Sorte gibt es noch viel mehr. Alte, Uralte, Steinalte und Johannes Heesters. Das nennt man demografischen Wandel, und manchmal hat man den Eindruck, dabei handelt es sich um ein Zuschauerbeschaffungsprogramm für das ZDF. Mit dem zweiten Herzschrittmacher sieht man wahrscheinlich besser.

Sobald ich das Wort demografischer Wandel höre, muss ich natürlich auch an den Klimawandel denken. Da besteht mit Sicherheit ein Zusammenhang. Den kann ich mir mit meinem alten Hirn gerade noch so zusammenreimen. Ursprünglich hatten wir uns die Erde ja nur von unseren Kindern geliehen, aber wir geben sie ihnen jetzt nicht mehr zurück, weil wir sie selber brauchen. Weil wir so steinalt werden, brauchen wir die Erde ein bisschen länger, fragen Sie Johannes Heesters, der hat die Höchstparkzeit auf der Erde schon mehrfach überschritten. Aber was hat das mit dem Klimawandel zu tun? Eine ganze Menge, man muss nur die richtigen Fragen stellen.

Warum wird es denn immer wärmer? Weil es immer mehr alte Menschen gibt, die immer länger die Heizung aufdrehen. Weil es immer mehr alte Menschen gibt, die auf allen verfügbaren Herdplatten die Rezepte von Johann Lafer und Konsorten nachkochen. Das ist der Grund für die Erderwärmung.

Was man dagegen tun kann? Den Ausstoß von Senioren drastisch reduzieren!

TAUBHEIT

Jeder vierte Jugendliche hört schlecht. Das teilt mir die Geschäftsführerin der Berufsgenossenschaft der Bauwirtschaft mit. Sie sagt, das Gehör der Teenager sei bereits stark geschädigt, bevor sie mit einer Lehre im bauintensiven Lärmgewerbe begännen, Verzeihung, es muss natürlich lärmintensives Baugewerbe heißen.

Man darf es den Jugendlichen natürlich nicht verübeln, dass sie ihr Gehör in vorauseilendem Gehorsam lieber mit Metallica, Slipknot, Rammstein oder Rihanna zerstören, als darauf zu warten, durch Presslufthammer, Rüttler und Kreissäge taub zu werden.

Für mich ist die ganze Problematik nicht neu. Ich habe zwei Jugendliche im Haus, und beide sind im Lärmgewerbe tätig. Dementsprechend hören beide sehr schlecht. Ihr Gehör ist beispielsweise nicht mehr in der Lage, Sätze wahrzunehmen, die mit »Könntest du bitte ...« oder »Hast du schon ...« oder »Zeigst du mir mal ...« anfangen. Nennt man ihnen eine Uhrzeit, nicken sie, haben aber in Wirklichkeit nur gesehen, dass man die Lippen bewegt hat.

Jugendliche hören nicht nur schlecht, das, was sie hören, klingt auch noch scheußlich. Tokio Hotel, um nur eine Lärmquelle zu nennen, aber auch Heidi Klum oder diese Superstars, die Deutschland angeblich dauernd sucht. Schrecklichen Lärm verursacht auch der sprechende Schwamm, dem man täglich im Fernsehen beim Krachmachen zusehen kann. Im den meisten Privatprogrammen wird ununterbrochen herumgeschrien und auf die Zuhörer eingeteufelt, weil man dort weiß, dass man es mit Schwerhörigen zu tun hat. Fast alle Jugendlichen laufen ja heute schon mit irgendwelchen Steckern im Ohr herum, an denen Kabel hängen, die zu batteriebetriebenen Geräten führen. Da bereitet sich eine ganze Generation vorbildlich auf das spätere Tragen von Hörgeräten vor.

Vielleicht erleben wir auch einfach das Wirken der Evolution. Der Mensch wird taub, damit er nicht mehr hören muss, welche Geräusche Roland Pofalla, Florian Silbereisen, Günter Grass oder Claudia Roth von sich geben. Ich allerdings stemme mich gegen diese Entwicklung, denn ich habe alle Gründe dafür.

Ich besitze circa 5000 Schallplatten, plus einige Hundert CDs, auf den meisten davon wird englisch, französisch oder portugiesisch gesungen. Englisch verstehe ich halbwegs, französisch ein wenig und portugiesisch nur, wenn jemand »allegria« ruft. Ich habe nicht grundsätzlich etwas gegen deutsche Texte, außer dass man sie oft sehr gut versteht. Das ist drei- oder viermal ganz schön, aber beim fünften Mal verstehe ich sie immer noch und immer besser, und dann bin ich gelangweilt oder genervt.

Das geht mir mit englischen Texten selten so. Weil es da immer noch etwas zu entdecken gibt. Am besten, die Worte sind nicht abgedruckt, dann kann man möglichst lange herumrätseln und sich vielleicht sogar seinen eigenen Reim machen. Vor Kurzem hörte ich im Radio »Sacramento« von der schottischen Gruppe »Middle of the Road« und war zu meiner Überraschung ganz überwältigt von dieser schlichten Komposition. Erstens natürlich, weil sie mich an »damals« erinnerte, zweitens, weil mich die merkwürdig metallische Stimme der Sängerin Sally Carr faszinierte, und dann, weil ich ziemlich viel vom Text verstand, aber zum Glück nicht alles. (Da heißt es u. a.: »You're in Sacramento a wonderful town / sing sing sing din din din«, und vor allem dieses »din din din« gibt dem recht banalen Stück etwas leicht Irisierendes.) Diese Ebene der Popmusikrezeption fehlt angloamerikanischen Hörern. Sie verstehen alles sofort, Bob Dylan ist wie Grönemeyer oder Heinz Rudolf Kunze für sie, für mich bleibt er immer angenehm rätselhaft, aber niemals bedeutungsschwanger. Noch schöner ist das bei französischen Texten, bei denen ich nur ein paar Schlüsselreize übermittelt bekomme, und selbst wenn ich das Textheft studiere, verstehe ich häufig nur wenig oder auch gar nichts. Dieses Phänomen besingt Vincent Delerm auf seiner Platte »Les piqûres d'araignée« (Die Bisse der Spinne?) in »Favourite Song«, das er gemeinsam mit dem Nordiren Neil Hannon (von Divine Comedy) vorträgt, der sich fragt: »Une poupée de cire qu'est-ce que ca voulait dire?«

Wenn man die Sprache nicht wirklich versteht, wird sie zu einem zusätzlichen Instrument. Das funktioniert am schönsten bei brasilianischer Musik. Wenn ich genau wüsste, worüber Joao Gilberto singt, wäre ich wahrscheinlich enttäuscht, so aber wird jedes großartige Lied noch großartiger, geheimnisvoller.

Deshalb höre ich so ungern einem deutschen Politiker zu. Ich verstehe einfach zu genau, was Merkel, Müntefering oder Westerwelle sagen, ich verstehe jedes Wort, und ich verstehe sogar die geheime Botschaft hinter den Worten, und darum schalte ich sofort ab. Würde Angela Merkel französisch sprechen, würde ich an ihren Lippen hängen, oder besser doch nicht, die Mundwinkel sind schon zu weit heruntergezogen, ich würde ihr also hingerissen zuhören. Und wenn man sie noch mit etwas Musik von Benjamin Biolay oder Vincent Delerm unterlegt, dann würde ich mir jede Rede von La Mérkèl kaufen.

HYPERAKTIVITÄT

In Ferienanlagen und größeren Hotels wird gerne Morgengymnastik angeboten, und diese Veranstaltungen sind meistens gut besucht. Die Frau dehnt und streckt sich und aktiviert ihr Powerhouse, der Mann dreht sich einfach noch mal um und schläft weiter. Später spielt er dann Tennis, Fußball oder Rugby und fährt 80 Kilometer mit dem Mountainbike über Schotterpisten. Ich muss zugeben, ich liebe Morgengymnastik, obwohl ich weiß, dass das krank ist. Sie tut vielleicht meinem Körper gut, aber meine Seele nimmt erheblichen Schaden. Kaum tauche ich nämlich in einer Gymnastikrunde auf, beginnt eine Übung, die beim Tai Chi »Das große Augenbrauenhochziehen« heißt. Die Trainerin, es ist immer eine Trainerin, sagt: »Ah schön, dass auch mal ein Mann den Mut hat, mitzumachen.« Aber das ist gelogen, denn in diesem Moment bin ich schon kein Mann mehr. Zwanzig Augenpaare mustern mich, viele, sehr ansehnliche Damen lächeln mir zu, doch ich kann auf ihr Mitleid verzichten. Sie denken, ich hatte eine Bypass-Operation oder muss nach der einschneidenden Hodenamputation meine Depressionen bekämpfen. Am Horizont beobachten mich ein paar verschlafene Männer auf dem Weg zum Bäcker und halten mich für irre oder schwul. Die Teilnahme am Frühsport senkt meinen sexuellen Marktwert um etwa 98, wahrscheinlich 99 Prozent. Ich bin jetzt der Typ von der Morgengymnastik, im besten Falle finden Frauen so was »süß«. Natürlich versuche ich, möglichst souverän und gekonnt den Anweisungen der Trainerin zu folgen. Ich finde, ich bin eigentlich noch ziemlich beweglich für mein Alter, aber ich könnte meine Körperteile niemals so »bewusst« wie manche Frauen bewegen. In jeder Morgengymnastikgruppe sind immer mindestens zwei Damen, die sich auf eine fast schon laszive Art bewusst bewegen. Sie tragen ihre Gymnastikanzüge wie Abendkleider, während ich, selbst wenn ich frisch gewaschene Sportkleidung anziehe, sofort verschwitzt aussehe. Das gibt mir den Rest. Deshalb bin ich auf der Suche nach einer Selbsthilfegruppe der Anonymen Morgengymnastikmänner. Da stehe ich auf, mache drei Kniebeugen und sage mit brüchiger Stimme: Ich heiße Hans und bin Frühsportler.

INKONTINENZ

Früher saß am Eingang einer Autobahntoilette eine beleibte, strenge Dame an einem rührend kleinen Tischchen, auf dem ein bescheidenes Tellerchen mit überwiegend kupferfarbenen Münzen stand. Man grüßte die Dame vor dem Betreten der Sanitärräume höflich, ihre Anwesenheit konnte bei sensibleren Naturen zwar Harnverhaltung auslösen, sorgte aber auch für eine persönliche Note, sodass man beim Rausgehen gerne eine Münze auf das Tellerchen legte. Diese Zeiten scheinen unwiderruflich vorbei. Heute muss der Reisende auf Autobahnraststätten schon vor dem Betreten der Toilette Eintritt zahlen. Man steht vor einem Drehkreuz und wird von einem Automaten aufgefordert, 70 Cent in einen Schlitz zu werfen. Man kann nicht so richtig erkennen, ob das, was einen hinter dem Drehkreuz erwartet, tatsächlich 70 Cent wert ist. Es wurde aber alles sehr hell ausgeleuchtet, einschmeichelnde Musik ertönt und parfümierte Düfte wehen herüber. Das Unternehmen »Sanifair« lenkt hier die Geschäfte und hat es geschafft, dem Gang zur Toilette einen gewissen Eventcharakter zu geben. Alles setzt sich auf zauberische Weise in Bewegung, delikate Orte werden automatisch gereinigt, intelligente Armaturen spenden Wasser, sobald man ihnen seine Hände zeigt, noch intelligentere Spiegel zeigen einem das Gesicht, das man gerne hätte. Eine sanfte

Frauenstimme heißt den Besucher permanent im Sanifair-Bereich willkommen, erklärt die Örtlichkeiten und würde sich unheimlich freuen, wenn man wiederkäme. Man erwartet jeden Moment ein stepptanzendes Putzgeschwader oder eine singende Klofrau und reagiert fast enttäuscht, dass nach Verlassen der Kabine kein Konfetti von der Decke herabregnet oder Beifall für die gute Verrichtung aufbrandet.

Das Beste aber ist der Gutschein. Den erhält man automatisch nach Durchschreiten des Drehkreuzes vom Automat überreicht, und man kann ihn später in der Raststätte gegen Speisen und Getränke im Wert von 50 Cent eintauschen. Eigentlich kostete der Sanitärbereichsbesuch also nur 20 Cent. Leider gibt es in der ganzen Raststätte nichts für 50 Cent. Für einen Kaffee oder Currywurstpommesmayo muss man noch ein paar Cent drauflegen. Damit ist man aber den Raststättenbetreibern in die Falle gegangen. Denn was passiert? Man isst und trinkt, und dann verdaut man und erhält in der Folge einen weiteren Gutschein, den man wieder in Nahrungsmittel umwandelt, die man wiederum verdaut, entsorgt, und drei Jahre später muss man von Spezialisten der Feuerwehr mit einem Hebekran durch das Dach der Raststätte entfernt werden, weil man inzwischen drei Stühle belegt und beim besten Willen nicht mehr durch das Drehkreuz passt.

WECHSELJAHRESBESCHWERDEN

Silvester ist ein höchst bedrohlicher, eigentlich der gefährlichste Tag des Jahres. Man erwartet die unglaublichsten Dinge, die Menschen wirken emotional extrem aufgeladen, deshalb endet Silvester regelmäßig in einer ungeheuren Menge von Explosionen und Detonationen. Ich werde eigentlich jedes Jahr schwermütiger und würde am liebsten gar nichts machen. Nichts Besonderes jedenfalls, keine Partys, Feste und Events besuchen, mich nicht mit anderen Menschen unterhalten oder gar mit ihnen amüsieren müssen. Ich will eigentlich in dem Gefühl schwelgen, dass das vergangene Jahr wieder ein Jahr der verpassten Gelegenheiten, der vergeudeten Zeit, der nutzlosen Gespräche gewesen ist. Ich hätte abnehmen, mein Klavierspiel verbessern, einen Roman schreiben, mein Bewusstsein erweitern oder meinen Penis verlängern können. Nichts davon ist geschehen, kein Wunder, dass ich mich nicht so gut fühle.

Meistens lasse ich mich doch überreden, etwas zu unternehmen, aber auch wenn ich vergnügt, ja geradezu ausgelassen wirke, mich zu den Klängen von »Stayin' Alive« lustig verrenke und wie besessen Champagner in mich hineinschütte: Innerlich weiß ich, dass mir eigentlich ganz anders zumute und dass mein Platz zu Hause vor dem Fernseher ist. Da, wo in der ARD der »Silvesterstadl« liefe, die große Musikshow mit Andy Borg und seinen Gästen. Fast viereinhalb Stunden lang hätte ich mir ein Programm von ungeheurer Scheußlichkeit anschauen können, eine einzige Verhöhnung der Schönheit der Schöpfung, eine Sendung, in der die Würde des Menschen mit Füßen getreten und seine Intelligenz ohne Unterlass beleidigt wird. Das mit anzusehen, hätte mir eine unglaubliche Befriedigung, ja geradezu Erleichterung verschafft. Ich hätte Menschen erlebt, die sich mental in einem noch viel schlechteren Zustand als ich befinden, die »3 Z'widern«, »Maria und Margot Hellwig«, die »Ladiner«, die »Amigos«, die »Calimeros«, »Heißmann & Rassau«, »Waltraud & Mariechen« und »Achim Petry«. Ich weiß, ich hätte es geliebt. Zwischendurch wäre ich natürlich auch mal zum ZDF gewechselt, um mitzuerleben, wie André Rieu »beschwingt die letzten Stunden des Jahres einleitet«, und zwar mit »DJ Ötzi«, den »Platin Tenören« und »Wunderkind Akim Camara«, danach hätte mir Andrea Kiewel »Die Hitparade« präsentiert, mit »DJ Ötzi«, »Helmut Lotti« und schon wieder »Achim Petry«. Falls mir das alles noch nicht reichen würde, könnte ich noch auf rbb »Lachen mit Juhnke« und »Weiterlachen mit Juhnke« sehen.

Der Anblick all dieser Schreckensgestalten hätte mich ungeheuer beruhigt, hätte mich schließlich versöhnt mit einem weiteren vergeudeten, verpfuschten Lebensjahr.

Mir wäre natürlich bewusst gewesen, dass diese Sendungen eigentlich nur für mich produziert wurden, weil ich einfach nicht mehr aus mir gemacht, weil ich wieder mal den bequemsten Weg gewählt und mich durchgemogelt hatte. Die Silvesterproduktionen von ARD und ZDF sind nämlich gedacht als intellektuelle Erzwingungshaft für moralisch verabscheuungswürdige Subjekte wie mich. Hätte ich diese Strafen angetreten, dann wäre ich möglicherweise als ein besserer Mensch in das Jahr 2008 getaumelt, auf jeden Fall hätte ich die besten Vorsätze gehabt: abnehmen, mehr Klavier üben, Roman schreiben, Bewusstsein erweitern, Penis verlängern.

LIQUIDITÄTSENGPÄSSE

Sobald ich morgens aufwache, bin ich umgeben von Menschen, die nur mein Bestes wollen. Meine Kinder, meine Frau, der Bäcker, der Tankwart, der Metzger, der Zeitungshändler, der Schallplattenhändler, der Naturholzregalhändler, der Elektriker, der Installateur, der eBay-Verkäufer, alle wollen mein Geld. Noch in der Steinzeit scheuten die Menschen jeden Kontakt mit Geld. Es war als Zahlungsmittel ebenso verpönt wie als Wertanlage. Geld galt als wertlos und wurde hauptsächlich zum Feueranmachen oder Mammutausstopfen benutzt.

Heutzutage ist dagegen ein Leben ohne Geld kaum denkbar. Es beherrscht alle Bereiche des Daseins. Dabei fehlte es nicht an ernst gemeinten Vorschlägen, die Menschheit von der Geißel Geld zu erlösen. In den Fünfzigerjahren startete man einen Versuch mit Teflonpfannen, die jedoch nicht als Zahlungsmittel akzeptiert wurden, weil niemand bereit war, immer mit einem Stapel Teflonpfannen in der Gesäßtasche einkaufen zu gehen. Für den echten Stoff scheint es keinen Ersatz zu geben. Geld ist weltweit die meistverbreitete und meistverkaufte Droge. Ob in den Straßen von Astana, ob in Santiago de Bahia oder in Minneapolis, überall befindet sich Geld im Umlauf.

Wer einmal mit Geld angefangen hat, kommt nicht mehr davon los. Viele machen schon in ihrer Kindheit das erste Mal Bekanntschaft mit Geld. Am Anfang sind es nur ein paar Pfennige oder Cent Wechselgeld, mit denen man Saure Stäbchen oder Brausepulver kauft, dann kommt das regelmäßige »Taschengeld«, später der Lohn, das Honorar, Urlaubsgeld und die Weihnachtsgratifikation. Kaum jemand kann sich der Droge entziehen. Die Geldinstitute, die sich in Deutschland um die Verteilung des sauberen Stoffes kümmern, haben in ihren Filialen extra Automaten aufgestellt, für die man eine Geheimnummer braucht, um an das begehrte Geld heranzukommen. Doch das hält die wenigsten Menschen ab, im Gegenteil, manche stehen mehrmals am Tag am Automaten und versuchen, immer mehr Geld »abzuheben«, wie es in der Szenesprache heißt. In Großstädten treffen sich regelmäßig die Selbsthilfegruppen der »Anonymen Bargeldzahler« und versuchen in Kursen ihrer Sucht Herr zu werden. Die Kursgebühr von 420 Euro muss vor jeder Stunde in bar bezahlt werden.

Geld ist eine sehr flüchtige Droge, deren Wirkung nicht lange anhält. Das macht sie so gefährlich, der Abhängige muss sich in immer kürzeren Abständen immer größere Mengen an Geld beschaffen – am Ende stehen dann oft Reichtum, Wohlstand und sozialer Aufstieg. Das ist das Perfide an dieser Droge: Je mehr man von ihr konsumiert, je mehr man damit handelt, umso größer ist das gesellschaftliche Ansehen. Das Finanzministerium versucht schon seit Jahren, durch sogenannte »Steuern« so viel Geld wie

möglich aus dem Verkehr zu ziehen, um die Bevölke-
rung davor zu schützen, doch die Menschen finden
immer wieder einen Weg, um sich Geld zu beschaffen. Sei es durch Lottospielen, Erben, Abheben oder,
wenn gar nichts anderes mehr hilft: arbeiten.

VERSPANNUNGEN

Die Bundesregierung möchte den Aufenthalt in Terrorcamps unter Strafe stellen, und das kann ich nur befürworten. Allein das Wort Camping hat in mir immer einen heillosen Schrecken ausgelöst.

Meine erste Zelterfahrung sammelte ich Ende der Siebzigerjahre. Ich reiste mit meiner Freundin per Anhalter nach England. Wir brauchten kein Hotel, denn wir hatten ja eine der größten zivilisatorischen Errungenschaften des 20. Jahrhunderts bei uns, das »MiniPack«-Zelt. Dabei handelte es sich um eine Bonsai-Ausgabe eines herkömmlichen Zeltes, in dem zwei Leute eng aneinandergelegt Platz fanden. Eigentlich brauchte man zum Aufbauen noch eine dritte Person, die den zweiten Zeltbewohner von außen reinstopfte. Dieses Zelt ließ sich ziemlich klein zusammenrollen und konnte deshalb auf jedem Rucksacktragegestell zwischen Tanger und Hammerfest gesichtet werden. Das Mini-Packzelt war damals ein derartig begehrter Artikel, dass wir für unsere Reise nur einen namenlosen dunkelblauen Nachbau angeboten bekamen, der aber noch kleiner zusammengerollt werden konnte. Da wir die Strecke bis Ostende überraschend schnell bewältigten, kam das Minipacksubstitut erst in England zum Einsatz. Etwa drei Stunden lang versuchten wir, das Zelt irgendwie straff zu verspannen, und es stellte sich heraus, dass das nicht ging. Schlaff hingen die Seitenteile durch oder blähten sich segelartig im auffrischenden Wind der Grafschaft Kent. Das Zelt war in China hergestellt, enthielt also wahrscheinlich zu viel Blei und war überhaupt der erste Versuch der Rotchinesen, die westliche Jugend in den Wahnsinn zu treiben. Da das Zelt völlig kraftlos durchhing und einen erbärmlichen Anblick bot, gab ihm meine herzlose Freundin den Namen »Der alte Mann«. Wir zogen durch England, bauten Abend für Abend den alten Mann auf und legten uns in ihm zur Ruhe. Die Zeltwände flatterten uns aufgeregt ums Gesicht, das gesamte Gebilde verursachte einen solchen Lärm, dass an Schlaf nicht zu denken war. Wir ließen den alten Mann schließlich irgendwo zwischen Bath und Salisbury zurück, wo er wahrscheinlich qualvoll verendete, und schliefen in Jugendherbergen oder unter freiem Himmel.

Wenn eine Campinglaufbahn so beginnt, dann kann sie kein gutes Ende nehmen. Dieses Ende stand im Jahre 1999 bevor. Drei Wochen vor Antritt des Familienurlaubs bekam ich von einem »guten Freund« einen großen grauen Sack überreicht, der angeblich das Ferienhaus enthielt. Das hätte mich misstrauisch machen sollen, vor allem, als er mir noch einen kleineren grünen Sack in die Hand drückte, in dem sich »Heringe, Seile und das ganze Zeug« befinden sollten. Ich hätte sofort umplanen müssen. Das war aber unmöglich, weil wir nicht nur das Ferienhaus, sondern alles andere auch schon zusammengeliehen hatten. Zwei Campingtische und sechs Stühle, einen zweiflammigen Kocher, Geschirr und Schlafsäcke. Und weil wir gerade dabei waren, liehen wir uns noch zwei Kinder aus, sodass wir zu einer sogenannten sechsköpfigen Familie mutierten und natürlich einen größeren Wagen brauchten, den wir uns auch noch borgten. Definitiv in unserem Besitz befand sich ein Gummihammer und eine Michelinkarte, auf der unser Reiseziel eingezeichnet war: Ile d'Oleron. Eine Insel im Atlantik, die mit einer Brücke am französischen Festland befestigt und für ihre stabile Wetterlage bekannt ist. Wir starteten abends um neun, fuhren die Nacht durch und erreichten irgendwann am nächsten Tag gegen drei Uhr nachmittags »Camping Rex«, einen Vier-Sterne-Zeltplatz in Terrassenbauweise. Ich versuchte, in glühender Hitze den Inhalt des grauen Sacks in das Viermannzelt »San Remo mit Vordach« zu verwandeln, was mir nach vier Stunden auch gelang. Pro Mann eine Stunde also.

Am nächsten Morgen beim Ankleiden durchzuckte ein merkwürdiger Schmerz meinen Körper, und weil ich den noch nie zuvor verspürt hatte, wusste ich sofort: Das ist die Bandscheibe. Ich war teilweise gelähmt und verbrachte die erste Ferienwoche größtenteils im Zelt. Die Unterschenkel auf einem Campingstuhl platziert, die Augen starr gegen das Zeltdach gerichtet, hinter dem eine gnadenlose Sonne lauerte. Der Rest der Reisegruppe zog täglich mit diversen auf- und nichtaufblasbaren Geräten zum Strand und kam mit verschiedenfarbigen Sonnenbränden und Appetit wieder zurück. Ich hatte währenddessen Zeit, mir Gedanken zu machen, und fand heraus: Das Leben im Zelt unterscheidet sich nicht sonderlich vom Leben in einem festen Haus, wenn man davon absieht, dass der Weg zum Spülbecken 400 Meter und zur Toilette 350 Meter lang ist. Das Zelt strömte einen irritierenden künstlichen Geruch aus, der entfernt an einen nassen Schirm erinnerte und den ich jeden Vormittag mehrere Stunden inhalierte, während ich dem Surren und Zischen unterschiedlich gestimmter Reißverschlüsse lauschte. Das Schicksal hatte mir eine gebückte Haltung aufgezwungen, die mich als Einzigen in die Lage versetzte, an einem extrem niedrigen Campingtisch mit einem Zweiflammenkocher Dreigängemenüs herzustellen.

Nach genau einer Woche konnte ich wieder gerade stehen, und genau in diesem Moment zogen dunkle Wolken am Himmel auf. In der Nacht begann der Sturm probeweise an unseren Verspannungen zu rütteln, während sich meine endgültig in Luft auflösten. Ich umkreiste das Zelt und war in kürzester Zeit so nass, als hätte ich im Meer gebadet. Heringe gab es auch. Ich weckte eines unserer vielen Kinder, von dem ich annahm, es habe Bindfaden und Taschenmesser bei sich, und gemeinsam gelang es,

*Terrorcampingplätze werden oft von finsteren Mächten
ferngesteuert.*

das Zelt bis zum nächsten Morgen zu retten. In der
nächsten Nacht kehrte der Sturm zurück, weil er
mit so viel Widerstand nicht gerechnet hatte. Der
Regen wurde stärker, und wir liehen uns von unseren Nachbarn einen Klappspaten, um Abflussgräben
rund um das Zelt anzulegen. Daraus schoss das Wasser in einem Sturzbach direkt auf die tiefer gelegene
Terrasse und schwemmte eine Handvoll englischer
Campingfreunde aus ihrem Kuppelzelt. Anscheinend
reichte dem Sturm dieser billige Triumph, und er flaute
bis zum Morgen ab. Ich hielt das Zelt noch zwei
weitere Nächte allein durch schiere Willenskraft und
Körpermasse am Boden, doch dann gab ich auf. Einen
Tag später verfinsterte sich die Sonne, und zwar total.

Wahrscheinlich hatte sich ein Zelt zwischen Erde und Sonne geschoben.

Seitdem habe ich nie wieder ein Zelt betreten, geschweige denn aufgebaut, und ich bin sehr dafür, den Besuch, aber auch das Betreiben von Terrorcampingplätzen unter Strafe zu stellen.

SOZIALNEID

Gestern wurde mir erklärt, bei uns zu Hause sei es nicht zum aushalten, überall anders wäre es besser. Jedes Wochenende höre ich, Sophie, Marie und Anna-Ruth dürften bis zwei Uhr wegbleiben, und der Freund von Monique darf bei ihr übernachten. In der Regel sind es alle anderen, die etwas dürfen, haben oder demnächst bekommen werden. Alle anderen hatten erst einen Computer, dann ein Laptop und einen eigenen Fernseher im Zimmer. Die Väter fahren alle riesige Offroad-Mobile, die Mütter haben einen Zweitwagen, der viel größer, bequemer und benzinsparender als unser einziges Auto ist. Ich bin ganz verzweifelt, wenn ich das höre. Ich weiß ja, dass die Tochter recht hat. Warum haben wir unser Mädchen auf eine Schule geschickt, auf der nur Kinder aus megaerfolgreichen und superintakten Familien sind? Warum ist sie das ärmste Mädchen in der Klasse? Und obwohl die anderen sich natürlich viel Mühe geben, sie nichts spüren zu lassen, merkt sie es doch, weil sie unglücklicherweise auch noch sehr sensibel ist.

Die Tochter hat wirklich wahnsinniges Pech mit ihren Eltern gehabt. Der Vater verdient zu wenig, sein Haarschnitt sieht unmöglich aus, er benimmt sich peinlich in der Öffentlichkeit, trägt die falsche Kleidung, erzählt schlechte Witze, kann in keinem Fach helfen und kapiert nichts. Außerdem hat sie den Körperbau, die Kopfschuppen und die Nase des Vaters geerbt.

Mit der Mutter steht es fast noch schlimmer, wir wollen da lieber nicht in die Einzelheiten gehen. Die Mutter der Tochter ist aber auch gleichzeitig die Frau des unfähigen Vaters und hat deshalb natürlich auch einiges auszusetzen. Alle anderen Männer in ihrem Freundes- und Bekanntenkreis unternehmen beispielsweise am Wochenende etwas mit ihren Frauen. Alle. Ausnahmslos. Ich könnte jeden fragen, wird mir bedeutet. Weil das einfach so ist, und ich bin der Einzige, der das nicht tut, jedenfalls nicht nächstes Wochenende, wenn alle anderen Ehemänner etwas mit ihren Frauen unternehmen. Spazierengehen, Opern und Gemäldegalerien besuchen oder segeln oder Salsa tanzen. Andere Männer sind auch heimwerkermäßig begabt, schrauben ganze Häuser alleine zusammen, hängen Decken tiefer und Bilder höher, treiben mit ihren Kindern Sport und stählen ihren Körper, mit dem sie dann fantastische Fortpflanzungstechniken praktizieren.

Meine Frau hat eben auch sehr viel Pech gehabt bei der Partnerwahl, und fast zwangsläufig musste dann ja ein Kind aus dieser Verbindung hervorgehen, dem das Pech an den Füßen klebt.

Ich bewundere die anderen, die ihr Leben und ihre Finanzen so mühelos im Griff zu haben scheinen. Bei denen jeden Tag etwas Besseres und Schmackhafteres gekocht wird als bei uns. Aber ich finde es schon etwas ungerecht, dass alle anderen so viel Glück haben und nur mir geht alles daneben. Ich bekomme nichts geregelt, egal, wie viel Mühe ich mir gebe.

Wie machen das die anderen? Das würde ich gerne wissen. Oder vielleicht würde mich das nur noch mehr deprimieren. Wenn ich miterlebe, wie sie jeden Tag frisch und ausgeruht aufstehen, niemals mit ihren Kindern oder Partnern herumschreien, immer souverän bleiben, geschmackvoll gekleidet in ihre großzügigen Autos steigen und zu ihrer hervorragend bezahlten und erfüllenden Arbeit fahren, von der sie allerdings immer früh genug zurückkommen, um mit den Kindern noch ein wenig zu spielen, Hausaufgaben zu machen, ihnen etwas vorzulesen, um anschließend entspannt die Partnerschaft zu pflegen und nach einem Stündchen guten Sex noch fünfzig Seiten in einem aktuellen, nicht zu anspruchslosen belletristischen Werk zu schmökern, bevor sie dann um 22 Uhr in der ruhigen Gewissheit einschlafen können, dass es da ja diesen einen Unglückswurm gibt, den Vater der leicht depressiven Tochter, die öfters mal zu Besuch kommt und immer mit großen Augen das harmonische Treiben verfolgt.

Für einen Moment unterbrechen die anderen Väter da den Einschlafprozess, wecken ihre Frauen und sagen: »Vielleicht sollten wir das arme Mädchen adoptieren, was meinst du, Schatz? Platz hätten wir ja in

unserem geschmackvoll eingerichteten Nullenergie-
haus und Geld verdiene ich mehr als genug.«

Und dann schlafen sie sanft begeistert von ihrer
Großherzigkeit und Güte ein, träumen von mir und
lächeln im Schlaf ein ganz klein wenig schadenfroh.

MILCHUNVERTRÄGLICHKEIT

Milchpreiserhöhungen rühren immer an uralte Ängste der Menschen, Urängste sozusagen. Mich berühren sie meistens weniger, weil ich Milch hauptsächlich in Butterform zu mir nehme. Aber die wird ja auch immer teurer.

Ich kann eigentlich gar nicht genug Butter bunkern, denn wenn ich vor etwas Angst habe, dann ist es der Moment, wo ich butterlos dastehe. Ich bin mit Butter groß geworden, der Butter verdanke ich alles. Ich wuchs in armen, na, sagen wir bescheidenen Verhältnissen auf, aber wir hatten immer Butter. Wir aßen nie Margarine. Für mich teilte sich die Menschheit immer in Butter- und Margarineesser auf. Später noch in Duschen- und Badewannenbenutzer. Ich bin ein Dusch- und Buttertyp, aber ich glaube, dass die meisten Duscher Margarine essen.

Ich kann noch nicht ganz genau definieren, was den Butter- vom Margarineesser unterscheidet. Vor allem eine gewisse krankhafte Sparsamkeit, irgendeine Cholesterinhysterie, grundsätzlich eine Art Geschmacklosigkeit. Ich habe mal mit einem Menschen zusammengewohnt, der nur Margarine kaufte. Er trank das Wasser aus dem Hahn und Milch direkt aus der Tüte, ließ die Zahnpastatube immer offen, rührte seinen Kaffee mit dem Messergriff um und rasierte sich mit Kernseife. Heute lebt er in China, wo man nach unserer guten Milch lechzt, weswegen die Preise hier explodieren.

Aber zurück zum Thema. Mit Margarine verdirbt man praktisch alles, das leckerste Brötchen, das schmackhafteste Brot. In meiner Kindheit benutzte man Margarine nur zum Backen, und meine Kinder haben in ihrem ganzen Leben noch keine Packung Margarine gesehen. Sie wissen nicht, was das ist, und ich weiß es eigentlich auch nicht. Margarine wird wohl aus Öl gemacht, ich glaube, es ist ein reines Industrieprodukt, irgendein verweichlichtes Plastik, das für den menschlichen Verzehr bedingt geeignet ist. Es handelt sich möglicherweise um eine Art Schlacke, die bei der Produktion von gelben Legosteinen anfällt, vielleicht ist Margarine auch nur ein anderer Aggregatzustand von gelben Säcken, in die man ja die leeren Margarinebehälter entsorgt.

Der einzige Vorteil von Margarine: dass sie immer streichfähig ist. Das ist ein Berufsgeiger natürlich auch, aber deshalb verteilt man ihn nicht auf einem frisch getoasteten Weißbrot. Jedenfalls kostet Butter inzwischen ein Vermögen, und immer mehr Menschen werden auf Margarine umsteigen. Ich nicht, ich bin bereit, fünf Euro für das Päckchen Butter zu zahlen, denn Butter ist, und ich scheue mich nicht, diese Plattitüde von mir zu geben, ein Stück Lebensqualität. Sagen wir es mal so: Unsere Freiheit wird auch am Butterregal verteidigt.

STAUBLUNGE

Als ich vor Kurzem bei McDonalds speiste, Cheeseburger und Pommes groß, las ich in Ermangelung
anderer Lektüre in der Quittung. So etwas ersetzt ja
tatsächlich einen halben Roman. Ganz oben prangt
der Satz »Vielen Dank für Ihren Besuch!«. Mit Aus-
rufezeichen. Eine gewisse Überraschung scheint da
mitzuschwingen, aber auch Begeisterung, vielleicht
gar Entsetzen. Unter den beiden Rechnungsposten
(zur Erinnerung: »Cheeseburger und Pommes groß«)
steht »INNEN Total 2,80«. Das soll besagen, dass sich
jetzt innen in meinem Körper total nahrungsähnliche
Produkte im Wert von 2,80 Euro befinden. Wäre mir
dagegen der Cheeseburger runtergefallen und die
Pommes auch, hätte man da »AUSSEN Total 2,80«
lesen können. Und wenn mir nur die Pommes runtergefallen wären, hätte McDonalds die Rechnung noch
stärker aufschlüsseln müssen.

Dann findet sich da der Eintrag: »St. Nr. 143/250/
50528«, und das bedeutet, ich habe den 143. Cheeseburger aus dem Karton 250 von insgesamt 50528
verkauften Burgerkartons bekommen. Es kann aber
auch bedeuten, dass ich 50528 kcal zunehmen könnte,
wenn ich in 143 Minuten 250 Burger essen würde.

Der erstaunlichste Satz wartet aber ganz unten
auf der Rechnung: »Bitte wenden Sie sich bei allen
Reklamationen an unseren Schichtführer.« Das Wort

»Schichtführer« ruft in mir sofort bestimmte Assoziationen hervor. Ich sehe einen öl- oder rußverschmierten Mann, der mit einer Grubenlampe auf seinem Helm im Inneren der Erde mit dem Abbau fossiler Brennstoffe beschäftigt ist. Er leitet dort unten eine ganze Gruppe von Minenarbeitern, deshalb ist er ja auch Schichtführer. Das Tageslicht sieht er nur am Ende der Schicht, denn er muss ja wie alle anderen Kumpel im Akkord Burger, Big Macs und vor allem wohl Chicken McNuggets aus dem Erdreich klopfen. Über Förderbänder gelangt der begehrte Rohstoff nach oben, wird gereinigt, erhitzt und verpackt und kommt schließlich in den Verkauf. Wahrscheinlich haben sie unter jeder Filiale so ein Burgerbergwerk.

Bevor also irgendwo auf der Welt eine neue McDonalds-Filiale eröffnet wird, stellt erst mal ein Team von Geologen fest, wo man mit einem nennenswerten Burgervorkommen rechnen kann. Dann treiben sie Stollen in die Erde, nehmen Förderanlagen in Betrieb und bauen obendrüber das Restaurant. Ein Wahnsinnsaufwand und vor allem eine Wahnsinnsmaloche. Das flößt mir Respekt ein. Selbst wenn ich irgendwelche Reklamationen hätte, würde ich es niemals wagen, einen schwer arbeitenden Schichtführer da unten rauszuholen, um ihm zu erzählen, der Käse auf meinem Cheeseburger sei zu hart.

MISANTHROPIE

Als Siebenjähriger verbrachte ich meine Sommerferien in einem Kinderheim auf einer Nordseeinsel. Wegen der Luftveränderung, obwohl ich bis heute nicht verstehe, warum die Luft in einer ostwestfälischen Dreizimmerwohnung so viel schlechter als die in einem ungelüfteten Schlafsaal mit 40 doppelstöckigen Betten gewesen sein soll. Ich hatte vom ersten Tag an Heimweh, einerseits wegen der vielen älteren und kräftigeren Jungen, deren Anblick mir Angst einjagte, aber vor allem wegen des Frühstücks. Das bestand aus einer ungenießbaren Schlacke, die sich Grießbrei nannte und nach pürierten Tapetenresten in angebrannter Milch schmeckte. Das war es, was man mir an meinem ersten Morgen vorsetzte, und ich war überzeugt, dass ich das jetzt sechs Wochen lang jeden Tag essen musste. Allein die Vorstellung löste bei mir einen Brechreiz aus, aber im Laufe des Tages gewöhnte ich mich an den Gedanken, und als es am nächsten Morgen Haferschleim gab, durchströmte mich ein zaghaftes Glücksgefühl, obwohl der Haferschleim wie pürierte Raufasertapete mit Mörtelresten in angebrannter Milch schmeckte. Am dritten Tag gab es etwas, dass bei meinen Mitgefangenen als Sago bekannt war, aussah wie Froschlaich in angebrannter Milch und beinahe akzeptabel schmeckte. Am vierten Tag kam dann der Grießbrei wieder, aber da war ich innerlich schon stark genug, und außerdem hatte mir mein Tischnachbar beigebracht, wie ich den Tapetenschleim in die Speiseröhre gleiten lassen konnte, ohne dass er die Zunge berührte. Ich war jetzt in der Lage, sechs Wochen fern von zu Hause zu überstehen, weil ich mir einfach das Schlimmste, was passieren konnte, ausgemalt hatte. Jeden Tag Grießbrei, jeden Tag verprügelt werden. In Wirklichkeit gab es nur alle drei Tage Grießbrei, und verprügelt wurde ich nur einmal, und das von einem Jungen, der gar nicht zu meinem Kinderheim gehörte.

Diese Technik habe ich mein Leben lang immer wieder mit Erfolg angewandt. Ich rechne grundsätzlich immer mit dem Schlimmsten.

Auf einer Reise durch Tansania stand ich Höllenängste aus, weil ich gelesen hatte, dass jede vierte Mücke mit dem Malariavirus infiziert sei. Bei der ersten Übernachtung in einem Luxusappartement wurde ich dreimal gestochen und war überzeugt davon, dass der nächste Stich mir die Malaria bringen würde. Ich blieb gesund und auch von der Tsetsefliege verschont, nur ganz zum Schluss wurde mir am Flughafen das Teleobjektiv geklaut, weil ich vergessen hatte, mir das auszumalen.

Sobald eine Frau meine Aufmerksamkeit erregt, mache ich mir klar, dass sie sich für jeden anderen im Raum, aber niemals für mich interessieren wird. Bei jedem Arztbesuch rechne ich mindestens mit Krebs, bei jedem Brief vom Finanzamt mit Steuerprüfung, bei jedem merkwürdigen Geräusch im Auto mit Kolbenfresser, vor jeder Party weiß ich genau, dass ich mich langweilen und niemanden kennen werde. Bei jeder Wanderung erwarte ich sintflutartigen Regen, beim Restaurantbesuch erwarte ich, vom Kellner übersehen zu werden. Im Kino weiß ich, dass die Hälfte des Bildes vom Quadratschädel meines Vordermannes und die Hälfte der Dialoge vom Gequietsche seiner Freundin überdeckt werden, im Großraumabteil sehe ich mich umgeben von Prosecco trinkenden Landfrauen aus Hanau oder dauertelefonierenden Schwaben, und auf der Autobahn erwartet mich der erste Stau 200 Meter nach der Auffahrt. Damit rechne ich fest ...

Tatsächlich ist mein Leben erstaunlich katastrophenfrei verlaufen. Es gab Frauen, die sich für mich interessierten, von Krebs, Steuerprüfung und Kolbenfresser blieb ich bislang verschont. Niemals habe ich eine Postsendung nicht erhalten, Bargeld, dass ich fahrlässigerweise und mit düstersten Vorahnungen in die USA verschickte, kam immer an, und die Schallplatten, die mir dafür geschickt wurden, klangen immer besser, als ich erwartet hatte. Mit Ausnahme des erwähnten Teleobjektivs bin ich noch nie bestohlen worden, und das war ja in Wirklichkeit eine postkoloniale Reparationszahlung. Ich erlebe also in meinem Leben eine nicht enden wollende Kette von positiven Überraschungen, und das nur, weil ich grundsätzlich negativ denke.

Wichtig ist, wirklich daran zu glauben, man darf nicht nur so tun, als ob man schwarzsieht, dann klappt es nicht. Es ist ein Zauber, ein magischer Trick, um die himmlischen Mächte zu täuschen, die zu viel Glück bekanntlich nicht gerne sehen.

Negative Energien, negatives Denken beherrschen mein Leben. Ich bin auch beruflich notorisch schlecht gelaunt, dank meiner umfassenden negativistischen Vorbildung konnte ich lange Jahre für ein Satiremagazin arbeiten. Die Hauptbeschäftigung des Satirikers besteht bekanntlich darin, das Haar in jeder, auch noch in der besten Suppe zu finden. Dafür entwickelt man einen Blick, der Satiriker hat das dritte Auge, mit dem er nicht nur Haare, sondern auch das halb leere Glas erkennt, das verblendete Positivdenker immer für halb voll halten. Der Satiriker geht immer vom Schlimmstmöglichen aus: Krieg, Hitler, Stoiber, Staatsbankrott, Weltuntergang. Seit 1945 wird man in dieser Beziehung meist angenehm überrascht. Und man kann sich sogar sagen, es ist nur deshalb nicht so weit gekommen, weil man davor gewarnt hatte.

Mir kann eigentlich gar nichts passieren, weil mir in Gedanken alles schon passiert ist. Ich glaube an die heilende Kraft des negativen Denkens. Mich hat sie sehr weit gebracht. Ich genieße es, schlecht gelaunt zu sein, depressive Stimmungen bereiten mir Vergnügen. Oft denke ich, hoffentlich kommt jetzt keiner und versucht, mich aufzuheitern, denn mir geht es doch gerade so herrlich schlecht. Ich suhle mich in Selbstmitleid, Neid, Pessimismus, Melancholie und Trübsinn. In diesen Stimmungslagen kann ich endlich mal die Musik hören, an die ich mich gut gelaunt nie heranwagen würde: die letzte Platte von Johnny Cash, Beethovens Fünfte, Mahlers Oratorium.

Neid ist ein besonders wunderbares Gefühl, dass ich jederzeit und augenblicklich abrufen kann. Ein Blick auf die Bestsellerlisten, und ich frage mich, wieso sind diese ganzen Idioten drauf, und mein Buch wird noch nicht mal in der Heimatzeitung verrissen? Wieso verdient der mit seinen mediokren Ideen einen unmediokren Haufen Geld, und der Käse wird sogar noch verfilmt? Das treibt mich an. Das bringt mich überhaupt erst an den Schreibtisch und sehr oft auf gar nicht mal so schlechte Gedanken.

Ich freue mich jedes Mal, wenn ich nach einem Auslandsaufenthalt zurück nach Deutschland komme, und die Menschen sind alle so muffig, schlecht gelaunt und unzufrieden. Dann denke ich jedes Mal: Endlich daheim! Ich liebe alle Angehörigen dieses miesepetrigen, schlecht gekleideten, uneleganten und leicht übergewichtigen Volkes, bei dem schon die Mundwinkel der Kanzlerin die allgemeine Marschrichtung vorgeben. Bis auf ein paar Rheinländer sind wir niemals locker, beschwingt, lebenslustig oder wenigstens abgeklärt, sondern verkrampft, steif, stur und schlecht gelaunt. Und damit haben wir es weit gebracht. Lange wird das aber nicht mehr gut gehen, befürchte ich.

KONTROLLZWANG

Vor Kurzem kam es zu unschönen Szenen. Globalisierungsgegner demonstrierten gegen die Globalisierung, Polizisten bewachten sie, aber die Globalisierungsgegner fühlten sich dabei nicht so wohl, wurden gewalttätig, und am Ende verhafteten wachhabende Beamte viele Demonstranten. Ich habe in meinem Leben auch mal im Wachdienst gearbeitet. Und zwar im Jahre 1985. Das ist längst verjährt, ich sollte mir keine Sorgen machen, aber ich muss es trotzdem gestehen.

Wir wachten zu zweit, mein Kollege Hergen H. und ich, und wir hausten in einem olivgrünen Wohnwagen, der mit einem Tarnnetz umhüllt war. Wir patrouillierten täglich durch ein mehrere Quadratkilometer großes Gebiet.

Aber wen oder was bewachten wir eigentlich? Wir bewachten natürlich Kraniche, denn wir waren in der Kranichbewachung tätig. Unser Auftraggeber war der DBV, das ist nicht der Deutsche Bund für die Verfolgung Unschuldiger, sondern der Deutsche Bund für Vogelschutz, der heute Nabu heißt. Der Kranich ist nämlich ein Vogel. Ein hochnervöser Vogel. Er kann es überhaupt nicht leiden, wenn er auch nur im Entferntesten gestört wird. Er muss alles immer in dem Zustand vorfinden, an den er seit Tausenden von Jahren gewöhnt ist. Evolutionäre Weiterentwicklung lehnt er ab. Höchst anspruchsvoller Bursche. Wir arbeiteten praktisch das ganze Jahr über für den Kranich. Im Februar musste ich 30 Kilometer mit einem zugigen Trecker bei minus 20 Grad im Schatten in ein völlig unwegsames Moorgebiet fahren, um dort die sogenannte Kranichwiese zu mähen. Weil der Kranich es nicht mag, wenn ihm das Gras die Sicht versperrt. Dann landet er erst gar nicht und nimmt auch keine Brutgeschäfte auf.

Man musste also das Gras mähen, zusammenrechen und abtransportieren, damit der Kranich sich wohlfühlen konnte. Man erfuhr aber nie, ob überhaupt ein Kranich diese Arbeit zu schätzen wusste und ob er sich fortpflanzte, denn man durfte sich dieser Wiese auf keinen Fall nähern. Erspähte einen der Kranich, bekam er die Panik und verduftete. Ließ Eier oder Küken im Stich, weil er eben so ein hochnervöser Vogel ist. Diese Kranichwiese befand sich im Zentrum unseres Überwachungsgebietes, und pflichtgemäß sahen wir sie natürlich nie. Wir umkreisten die Wiese im Abstand von drei bis vier Kilometern, schauten angestrengt durch unsere Ferngläser ins Unterholz und manchmal auch in den Himmel, wo kranichähnliche Wesen herumflogen. Aber das waren Graureiher. Die Reiher störte unser Anblick überhaupt nicht. Irgendwie hatte man sogar das Gefühl, die Reiher wären beleidigt gewesen, wenn sie keiner gesehen hätte. Im Flug knicken sie den Hals ein, damit man sie vom Kranich unterscheiden kann – der den Hals ausgestreckt hält. Reiher lieben die Nähe von Menschen, man könnte sagen, es sind Kraniche mit exhibitionistischen Neigungen.

Hergen und ich waren allerdings keine Reiher-Ranger, sondern Kranichwachtmeister, aber wir hatten nicht die geringsten Befugnisse. Wir besaßen nicht die Lizenz zum Töten, sondern nur zum Labern. Sollten wir jemand sehen, der sich dem Kranichgelege zu nähern schien, dann hätten wir ihn höflich darauf hinweisen müssen, dass das nicht gut und obendrein verboten sei.

Es kam aber nie jemand, ich weiß also nicht, ob es so etwas wie Kranichchaoten gibt, die sich einen Spaß daraus machen, den Kranich beim Brüten zu stören oder denen der Anblick aufgeregter Kraniche einen gewissen sexuellen Kick verschafft. Wir nahmen die Bewacherei trotzdem sehr ernst, wir waren nervös wie Kraniche, schliefen nachts ziemlich unruhig, weil wir immer dachten, jemand latscht im Dunkeln quer über die Kranichwiese. Tagsüber verliefen wir uns häufig und fanden den Wohnwagen nicht wieder. Er war zu gut getarnt. Nach zwei Wochen kam unsere Ablösung, zwei frische, ausgeruhte Kranichwächter. Wir wussten zwar nicht, ob wir unseren Job gut gemacht hatten, aber es war wenigstens nicht zu Gewalttätigkeiten gekommen. Politisch waren wir schwer einzuordnen. Globalisierungsgegner konnte man uns wohl kaum nennen, denn wir unterstützten ja den Kranich, und der ruht sich im Winter gerne in Afrika oder in der Mongolei und Vietnam aus. Damit er im Frühjahr wieder Kraft hat, uns in Deutschland den letzten Nerv zu rauben.

TRUNKSUCHT

Als knapp Fünfzehnjähriger kaufte ich eine Flasche Apfelkorn, um zu testen, ob man mich nach meinem Ausweis fragen würde, den ich dann natürlich zu Hause vergessen hätte. Das Kaufen war überraschenderweise kein Problem, nur eine verwirrend gut aussehende Supermarktverkäuferin blickte mich bei der Geldübergabe spöttisch und alles begreifend an. Der Besitz der Flasche erwies jedoch sich als höchst problematisch. Es sprach sich schnell herum, dass ich das Ding hatte, und plötzlich stellten sich Klassenkameraden bei mir ein, von denen ich nicht mal ahnte, dass sie dieselbe Schule wie ich besuchten. Sie wollten die Flasche sehen, und sie wollten wissen, wann und mit wem ich denn die Absicht hätte, sie zu öffnen. Der Alkohol verschaffte mir eine gewaltige soziale Aufwertung, und mir wurde rasch klar, dass ich versuchen musste, die Flasche so lange wie möglich verschlossen zu halten. Denn war sie einmal geleert, musste ich meinen nächsten Testkauf tätigen – ich hatte Angst vor dem Blick der Verkäuferin, und außerdem musste ich von meinem Taschengeld noch ganz andere Testkäufe tätigen. Neben Alkohol warteten auch noch bestimmte Heftchen auf mich, bei denen ich erst recht zu beweisen hatte, dass man keine achtzehn sein musste, um sie zu erwerben. In diesen Heftchen waren nur spärlich bis gar nicht bekleidete Frauen abgebildet, die ich mir zu Testosterontestzwecken anschauen wollte.

Beim Apfelkorn durfte ich aber auch den Bogen nicht überspannen. Ich durfte die Flasche nicht zu lange unter Verschluss halten, sonst wäre mein soziales Prestige schnell wieder aufgebraucht gewesen, und ich hätte als Feigling gegolten. Also legte ich schweren Herzens einen Öffnungstermin fest. Es war ein Samstagabend, an dem meine Mutter Nachtdienst hatte, und ich ernannte drei meiner neuen Freunde zu offiziellen Lordflaschenentleerern, von denen aber nur einer kam. Ich will nicht zu stark in die Einzelheiten gehen, es ist aber schon interessant, wie lange sich der Geruch von Erbrochenem auf Auslegeware mit hohem Kunststoffanteil hält. Ich will hier auch nicht das Bild von Menschen, die zwar zum Mond fliegen, aber nicht mal hinter einer Fußleiste sauber machen können, überstrapazieren. Der Testkauf war jedenfalls erfolgreich abgeschlossen worden.

Damals im Jahre 1972 musste man solche wissenschaftlichen Untersuchungen noch auf eigene Faust durchführen. Die Familienministerin hieß Käte Strobel und dachte gar nicht daran, mich im Auftrage der Regierung loszuschicken, wie das die heutige Familienministerin gerne tun würde. Dabei wäre ich ein guter Regierungsagent gewesen. Alkohol, Zigaretten, Heftchen und auf Wunsch auch Messer mit feststehenden Klingen, das alles hätte ich gerne für Käte Strobel beschafft, man hätte mich in Familienministeriumskreisen ehrfürchtig als »Kätes besten Mann« bezeichnet, aber damals war man noch nicht so weit. Ich gab mein ganzes sauer durch Zeitungaustragen verdientes Geld aus, um skrupellose Spirituosen- und Heftchenhändler im Alleingang zu überführen. Die Heftchenhändler waren meist alte graue Männer, die nicht zusammengezuckt wären, wenn man »den Völkischen Beobachter, den Stürmer und den Play-boy« verlangt hätte. Wahrscheinlich sahen sie ein-fach schlecht oder ich sah für mein Alter sehr alt aus. Eine Eigenschaft, die ich mir übrigens bis heute be-wahrt habe. Testkäufe führe ich ebenfalls noch durch, und die Ergebnisse sind immer noch erschütternd. Unlängst wollte ich zum Beispiel testen, ob man mir bei Jacques Weindepot tatsächlich eine Kiste Rotwein verkaufen würde. Und sie haben es tatsächlich getan – ohne nach meinem Ausweis zu fragen.

ADIPOSITAS

Die Schweiz ist ein an Bergen reiches Land, aber auch mit etlichen Tälern ausgestattet. Die Frage, was denn nun das Beste an der Schweiz sei, erübrigt sich, denn das eine ist ohne das andere nicht denkbar. Trotzdem spricht man meistens von der überwältigenden Bergwelt der Schweiz und erwähnt seltener die großartige Talwelt. Fährt man von Bad Ragaz Richtung Vättis und biegt dort rechts ab, dann kommt man nach einer nicht ganz unspannenden Fahrt über eine Staumauer und durch enge Naturtunnel, die nur zu genau festgelegten Zeiten in einer Richtung durchquert werden dürfen, in die Walsersiedlung St. Martin. Dahinter erstreckt sich das Calfeisental, an dessen Ende die Sardona-Alp auf den Wanderer wartet. Nach etwa 20 Minuten weist ein Wegweiser nach rechts in einen schmalen Feldweg. Auf dem Wegweiser steht »Zur dicken Fichte«. In keinem Wanderführer ist die dicke Fichte erwähnt, auch in der Tourismus-Information war nicht die Rede davon, aber meine Neugier ist trotzdem geweckt. Meine Frau ist allerdings mehr als skeptisch:

»Seit wann interessierst du dich denn für dicke Fichten? Lass uns lieber zur Alp gehen.«

Es ist wahr, ich interessiere mich weder für dicke noch für dünne Fichten, Fichten lassen mich normalerweise kalt. Ich würde mich nicht unbedingt als Fichtenfeind bezeichnen, aber ein Fichtenfreund bin ich auch nicht gerade. Allerdings schießt mir gerade der Gedanke durch den Kopf, wie ich zu Hause nach meiner Rückkehr vom Calfeisental erzähle, und dann kommt mit Sicherheit die Frage:

»Da habt ihr ja bestimmt die dicke Fichte gesehen?«

»Bad Ragaz? Jaja, ganz nett, aber die dicke Fichte ist doch der Hammer, oder?«

Genau das werden sie sagen, und wenn ich jetzt nachgebe und auf die dicke Fichte verzichte, dann würdigt mich zu Hause keiner eines Blickes.

Die Frau meutert, dicke Fichten lassen sie völlig kalt, aber da kommt uns zum Glück ein Wanderer entgegen, der die dicke Fichte bestimmt gesehen hat. Er wirkt leicht missmutig, anscheinend war es kein so erhebender Anblick. Ich frage:

»Und? Lohnt sich die Fichte?«

Er stutzt, überlegt einen Moment und antwortet: »Jo, schoo ...«

Und geht ohne eine weitere Erklärung seines Weges. Meine Frau ist nun endgültig überzeugt, dass die Fichte nur ein fauler Zauber ist.

»Was soll das denn heißen: Jo, schoo? Der wollte nur nicht zugeben, dass ihn die dicke Fichte enttäuscht hat, dass er den ganzen Weg umsonst gemacht hat.«

»Vielleicht ist es ja auch ein Geheimtipp, und die Einheimischen wollen nichts verraten«, vertrete ich eine sehr gewagte These, und um die Frau ein wenig abzulenken, bringe ich ihr einen Zungenbrecher bei, in dem immerhin von Fichten die Rede ist:

»Im dichten Fichtendickicht picken dicke Finken tüchtig« – wenn man das schnell genug sagt, kommt irgendwann etwas Unanständiges dabei heraus.

Tatsächlich hört die Frau auf, sich über die Fichte zu beschweren, und übt lieber. Jetzt beschleichen mich jedoch erste Zweifel, wir sind doch einige Zeit unterwegs, und irgendwie könnte sich das Ganze doch als ein Flop herausstellen. Da erreichen wir plötzlich ein liebliches Hochplateau, und in der Mitte stehen in einem abgezäunten Areal drei Holzkreuze mit der Aufschrift:

»Friedhöfli der Freien Walser.«

»Woran die wohl gestorben sind«, frage ich mich halblaut.

»Wahrscheinlich an einer dicken Fichten-Vergiftung«, vermutet die Frau, deren Laune wieder schlechter wird. Ich bin inzwischen längst bereit, umzukehren, da stoßen wir auf einen weiteren Wegweiser, und auf dem steht zu lesen:

»Zur dicksten Fichte.«

Plötzlich ist die Frau wie verändert. Jetzt kann es ihr gar nicht schnell genug gehen.

»Warum haben die das denn nicht gleich gesagt? Eine dicke Fichte ist nichts Besonderes, aber die dickste Fichte, die will ich natürlich sehen.«

Keine zwei Minuten später stehen wir davor. Sie unterscheidet sich nicht sonderlich von den anderen

Fichten ringsherum. Vielleicht ist das ja ein Dicker-Fichten-Wald, wie es ihn nur im Calfeisental gibt. Damit man nicht dran vorbeiläuft, haben die Betreiber der Dicksten Fichte ein Schild an den Stamm gelehnt, und da kann man alle technischen Daten nachlesen:

Höhe: 32,8 m, Volumen: 22 m^3, Durchmesser: 1,84 m, Alter: ca. 500 Jahre.

Wir stehen ergriffen vor dem Baum. Eins ist sicher, ich sehe gerade die dickste Fichte meines Lebens. Auch meine Frau sieht die dickste Fichte ihres Lebens. Wir sind auf diesen Anblick nicht wirklich vorbereitet. Keiner hat uns gewarnt: Passt auf, ihr bekommt unterwegs die dickste Fichte zu sehen! Und so stehen wir auch etwas beklommen, ja ratlos vor dem Baum und wissen nicht so recht, wie man sich im Angesicht der dicksten Fichte der Welt verhalten soll. Nimmt man die Kappe ab? Fällt man auf die Knie, oder macht man einfach ein Foto und schickt es an seine Freunde bei Facebook? Am besten alles zusammen.

Wir fotografieren den Baum aus allen Lagen, damit man uns auch glaubt, dass wir die dickste Fichte wirklich gesehen haben. Immerhin haben wir den Umweg nicht umsonst gemacht. Viele Fragen drängen sich dennoch auf: Wo steht die zweitdickste Fichte? Gibt es ein weltweites Fichtenregister, in dem die Größe und das Gewicht aller Fichten gesammelt ist? Muss die Fichte nicht Tag und Nacht vor Terroranschlägen bewacht werden? Die Besitzer der zweit- oder dritt-dicksten Fichte sind doch bestimmt daran interes-siert, dass der unliebsame Konkurrent verschwindet. Verfügt die Fichte über geheime Kräfte, nimmt man ab, wenn man sie berührt hat? Werden Dicke dünner und Dünne dicker? Wir wissen es nicht. Sicher ist nur:

Wir haben die dickste Fichte der Welt gesehen. Das kann uns nun keiner mehr nehmen. Hoffentlich fragt uns zu Hause auch einer danach.

SCHÖPFUNGSKRISEN

Bisher glaubte man, ein Meteoriteneinschlag vor etwa 65 Millionen Jahren habe die Entstehung oder zumindest den Artenschub der Säugetiere ausgelöst. Jetzt fanden Evolutionsforscher heraus, dass die 18 Ordnungen der heutigen Säugetiere schon vor rund 100 bis 85 Millionen Jahren entstanden sind. Was diese Erkenntnis bedeutet, kann man noch gar nicht ermessen. Die meisten Testamente sind ungültig, viele Nachbarn oder Arbeitskollegen, die man vielleicht eher für Amphibien oder Insekten gehalten hat, sind nach der neuen Rechnung vielleicht doch schon Säugetiere. Überprüfen Sie Ihren Stammbaum, vielleicht kommen Sie doch aus einer reinen Säugetierfamilie. Wenn Sie sich zum Beispiel kurz nach Ihrer Geburt aus dem Sand gebuddelt haben und zum Meer gelaufen sind, dann stammen Sie aus einer Schildkrötenfamilie. Man kann das relativ leicht feststellen. Wenn Sie Ihr Vater plötzlich ausgespuckt hat, stammen Sie aus einer angesehenen Maulbrüterdynastie, sind aber wohl eher ein Fisch als ein Säugetier. Darauf kommt es an. Die Säugetierklasse ist die Champions League der Evolution. Etwas Besseres hat sich bisher nicht entwickelt. Auch wenn Sie mit Ihren Kumpels Straßen anlegen, Holz schleppen, Läuse melken und Ihre Staatsform die Monarchie ist, so bleiben Sie doch eine Ameise, das ist so was wie die Bezirksklasse der

Evolution. Kann sein, dass Sie hier nach der nächsten Klimakatastrophe das Sagen haben, aber jetzt sind wir Säugetiere am Ruder und, wie eingangs schon erwähnt, es gibt uns sehr viel länger als bisher angenommen. Juristen gehen davon aus, dass damit beispielsweise auch der Erste und Zweite Weltkrieg ungültig sind, denn beide Auseinandersetzungen wurden ja von Säugetieren geführt, die dachten, sie seien nur 65 Millionen Jahre alt. Auch die von Gerhard Schröder erzwungenen Neuwahlen sind eigentlich ungültig, weil mindestens 20 Millionen Jahre zu spät angesetzt. Genau genommen gibt es weder Schröder noch die SPD noch Sigmar Gabriel. Es gibt auch keine Deutschen, es gibt weder Sie noch mich noch dieses Buch, und deshalb haben Sie das hier auch gar nicht gelesen.

Und gleich weiterlesen:

Hans Zippert

Aus dem Leben eines plötzlichen Herztoten

Tagebuch eines Tagebuchschreibers

Edition TIAMAT

Klappenbroschur, 14,-EUR

Dieses Buch könnte Ihnen gefallen, wenn Sie schon mal ein Buch gelesen haben. Ist aber keine Bedingung.

www.edition-tiamat.de